知っておきたい！

グラウンド・ゴルフ

ルール編

朝井正教　著
Asai Masanori

はじめに

グラウンド・ゴルフは、1982年（昭和57年）に鳥取県泊村（現在：湯梨浜町）で、生涯スポーツ推進事業（国庫補助事業）の一環として考案されました。グラウンド・ゴルフが誕生して30年あまりが経ち、愛好者の数やプレーする場所・機会も増え、プレーヤーの年齢層も広がっている中、グラウンド・ゴルフの愛好者の皆さんの多くは、ルールやマナーに関して、現場でどのように判断したらよいのか困るケースに遭遇されているのではないかと思います。

実際に、プレーを楽しむ上において、ルールだけでは判断に困るケースが多く起こっており、グラウンド・ゴルフの考案者の1人である私のもとには、愛好者の方々からご質問やご相談がいくつも寄せられています。

愛好者の方々は楽しくプレーしたいと思っておられるのですが、プレーの中で判断が難しいさまざまな事象に遭遇したり、ルールやQ＆Aの解釈の違いがあったりなどして、愛好者の方々が気持ちを害したり、トラブルやケガにつながったりするなど、問題や課題もあるのが現状です。

そのようなことから、本書は、現場で判断に困っておられるケースについて解説いたしました。解説にあたって、判断の基準になっているのが、グラウンド・ゴルフの誕生の経緯や理念です。本書ではグラウンド・ゴルフがどのような経緯で誕生したのか、どのような考え方や理念で考案されたのかを、最初に紹介しています。

グラウンド・ゴルフ誕生の経緯を詳しくわかりやすく紹介し、グラウンド・ゴルフを考案した際の理念を理論的に解説して、その理念をご理解いただくことが、グラウンド・ゴルフを楽しむ上において大切なことであり、さまざまな問題や課題を解決することに役立てていただけるものと考えているからです。

そして、グラウンド・ゴルフ愛好者の方からお寄せいただいたご質問やご相談に、私なりにルール等を尊重しながら、グラウンド・ゴルフの理念との関連を大切にし、回答させていただいています。ご質問やご相談内容を掲載させていただくことで、多くのグラウンド・ゴルフ愛好者の方にお役に立てていただけるものと考えています。

ご質問、ご相談内容の掲載にあたりましては、個人情報などに配慮し、一部表現方法をやわらげたり、一部を抜粋したりするなど、手を加えておりますこと、また、ここに掲載した回答内容は、公益社団法人日本グラウンド・ゴルフ協会の見解ではないことを申し添えます。

グラウンド・ゴルフの誕生の経緯や理念をもとに判断してご質問やご相談に回答していますので、この考え方を有効にご活用いただき、多くのグラウンド・ゴルフを楽しんでおられる愛好者の方々のお役に立てることができれば幸いです。

そして、グラウンド・ゴルフを楽しまれる方がさらに増加し、多くの方がグラウンド・ゴルフを通して生き甲斐を持ち、豊かな生活を送られる一助となりますことを心からお祈り申し上げます。

※本書は、グラウンド・ゴルフ誕生の経緯や理念、ルール・Q＆A等に関係するグラウンド・ゴルフをプレーしておられる皆さんに知っておいていただきたいアドバイスブックです。ルールについては、公益社団法人日本グラウンド・ゴルフ協会発行の「グラウンド・ゴルフルールブック」が最新となることを申し添えます。

2014年4月　朝井正教

本書の内容に関するお問い合わせは、著者：朝井宛てに郵送かFAXでお願いします。　朝井正教
〒682－0702　鳥取県東伯郡湯梨浜町橋津111番地　FAX　0858（35）3935

Contents 目次

知っておきたい！ グラウンド・ゴルフ ルール編

2 大会運営等に関するご相談…72

第4章　知っておきたいルール

デザイン　1108GRAPHICS　イラスト　須田博行
編集協力　プロランド

第1章

グラウンド・ゴルフ誕生の経緯

――全国的スポーツへ展開！

1

知っておきたいグラウンド・ゴルフ誕生の経緯

●高齢者にふさわしいスポーツを模索

グラウンド・ゴルフが誕生したころは、高齢者スポーツの主流はゲートボールでした。しかし、高齢化が進む中、高齢者が選択できる多様なスポーツが必要であるということから、国が高齢者にふさわしいスポーツを考案し、高齢者のスポーツの幅を広げることを目的に、生涯スポーツ推進事業を始めたのです。

当時、鳥取県泊村（現在の湯梨浜町）はすでに高齢化が進んでおり、60歳以上の人口比が22パーセントに達していました。そのようなことから、この事業を行うこととなったのです。

昭和57年4月から鳥取県の泊村教育委員会が、生涯スポーツ推進事業（国庫補助事業）を受け、高齢者にふさわしい新しいスポーツの開発に着手し、2年間で約700万円かけて研究開発し、誕生したのが「グラウンド・ゴルフ」です。

そのようなことから、昭和56年度から泊村教育委員会は予算要求に入っていました。国に事業計画書を提出するための作業を始めたのです。高齢者にふさわしい新しいスポーツ種目は、どのようなものがよいのかなかなか難題でありました。また、新しいスポーツ種目を考えるのなら、できれば全国のいたるところでプレーを楽しんでいる姿が見られるような、全国的なものにしたいという考えも当初からあったのです。

●グラウンド・ゴルフ誕生の2つのポイント

この事業に取り組むにあたり、大切にしたことが2つあります。

1つは、これからは生涯学習（生涯スポーツ）の時代が到来すると考え、この事業を成功させるためには、どうしても生涯スポーツの専門家にアドバイスをいただく必要があると考えていました。

以前に、ご講演を聞く機会に恵まれ、すばらしい考えの持ち主であると感じた元大阪教育大学の島崎仁先生にご相談にうかがい、専門委員を引き受けていただくことになりました。

偶然、そのときに、「大阪教育大学の学生がグラウンドに半径1メートル程度の円を描き、その中心に旗立て台のような物を置き、そこを目指してゴルフのアイアンでボールを打ち、ゴルフゲームを楽しんでいる姿を見た」のです。これが現在のグラウンド・ゴルフの原型となりました。原型のモデルについてさまざまな話を耳にしますが、これが真実なのです。

2つめは、専門委員会の委員に技術協力者に入っていただき、各委員の要望や事務局の要望が即反映され、スピード感を持って試作品ができ上がるようにと考えたのです。

この2つのことが、グラウンド・ゴルフ誕生の大きいポイントとなっているのです。

●取材、問い合わせが殺到！

こうして、新しいスポーツの方向性も見え、学識経験者、市町村担当者、村内の関係者からなる生涯スポーツ活動推進専門委員会が設置され、昭和57年7月14日に『第1回生涯スポーツ活動推進専門委員会』を開催し、原案の検討と今後の取り組みについて協議されました。

ゴルフのアイアンでボールを打ち、ゲームを楽しんでいた姿が、グラウンド・ゴルフの原型となった

8月31日には、グラウンド・ゴルフなど新しいスポーツの原案について専門委員から意見をいただき、9月から用具開発に着手したのです。9月25日には用具の試作品を専門委員に検討いただき、泊村内の高齢者の方に試してもらうため、グラウンド・ゴルフ試行教室を開催し、高齢者の方からご意見をいただいきながら、用具の改良、ルールの素案づくりに取り組み、現在のグラウンド・ゴルフの用具ができ上がったのです。特に、高齢者の方は「ホールインワン」に大きい魅力を感じておられました。

当時、新しいスポーツの考案という珍しさもあり、報道機関の取材が多く、泊村の老人の方はスターでした。ローカルテレビ、ラジオから全国版の報道へと取材が加熱し、昭和57年10月4日NHKニュースの全国版、12月10日日本テレビズームイン朝で全国放送。このときは、泊村教育委員会には全国からの問い合わせが殺到しました。

●用具開発秘話

このように報道機関の取材も追い風となり、用具開発やルールの策定作業がどんどん進んでいきました。8月に専門委員会を設置し、約2ヵ月後という短期間の10月中旬には、用具（クラブ、ボール、ホールポスト）が完成。現在の用具の原型ができていたのです。

クラブは、ボールが空中を飛ぶと危険なのでヘッドに傾斜をつけない、ボールは、打ちやすいようにゴルフボールより大きく直径6センチとしました。ホールポストにつきましては、当初、学校の校庭を学校開放で多く使用することを考えていましたので、学校の校庭に穴を掘ることはできないことや、他の場所でも穴を掘る時間がかかるので、穴のかわりをするものをということから、現在のホールポストが考案されたのです。

誕生当時のクラブ、ボール、ホールポスト

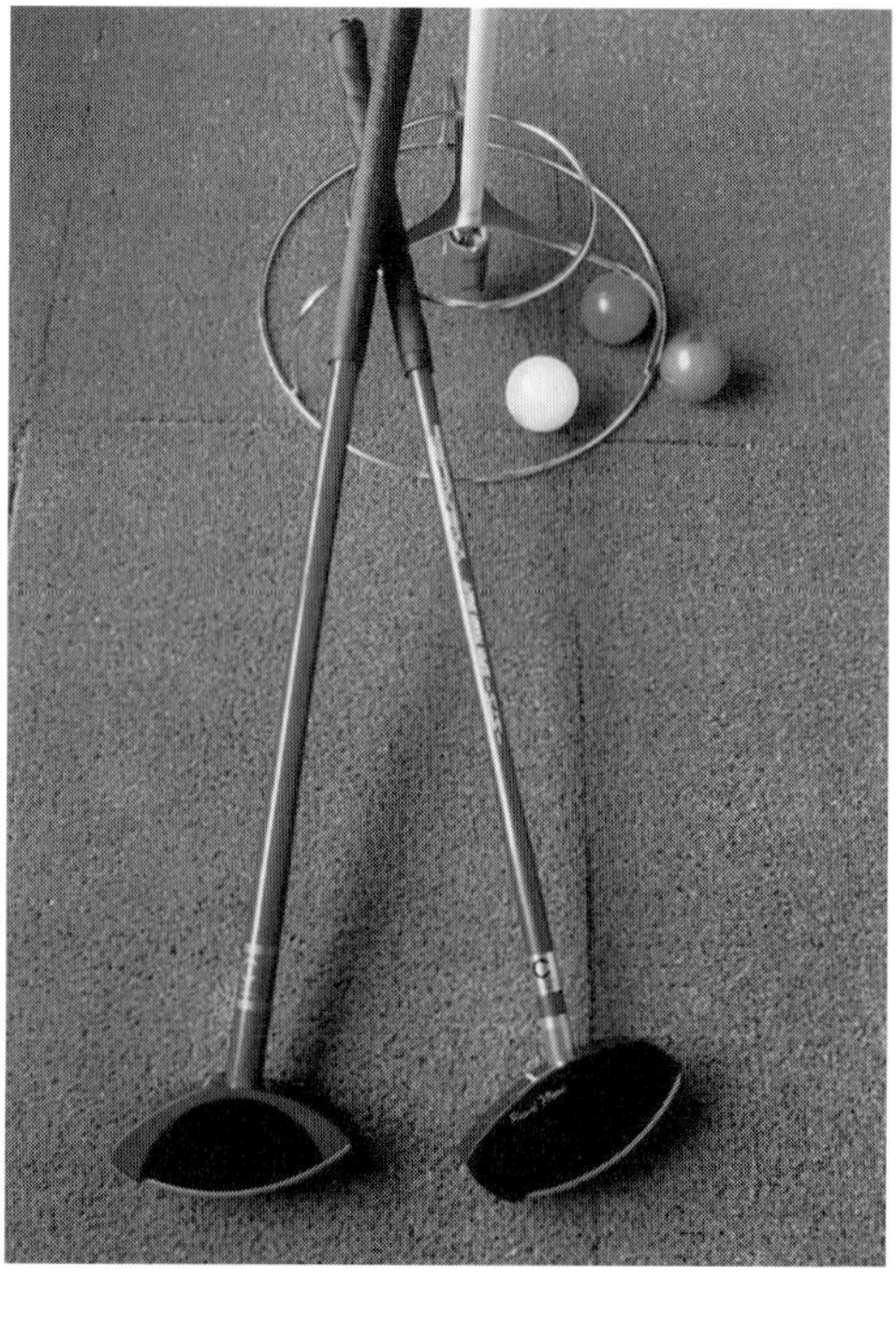

進化した現在の用具

●グラウンド・ゴルフの誕生は泊村の皆さんの協力で

グラウンド・ゴルフ用具の開発と平行して、島崎先生のアドバイスや高齢者の方の意見を踏まえながら、生涯スポーツの考え方を基本にしたルールの草案づくりに取り組みました。そして、昭和57年12月15日にルールが専門委員会により策定されました。

マスコミの報道により全国から視察も相次ぎ、新しいスポーツへの関心の高さを感じていました。視察に来られた方に絶えず説明をしたのは、寛容の精神についてです。

例えば、ボールとボールが当たったとき、当てられたボールはボールの持ち主が元の位置に戻します。しかし、現実はボールを正確に元の位置に戻すことは不可能といっていいのです。この処理のように細かいことにこだわらない発想を大切にする考え方を基本としてルールがつくられている主旨について、ご理解いただくように努めたのです。

このように順調に進んだ背景には、泊村の高齢者の方々や専門委員の皆さん、泊村の皆さんのご理解とご協力があったことを忘れてはなりません。ご理解、ご協力なくしてグラウンド・ゴルフの誕生はなかったといっても過言ではありません。

まずは、村内にグラウンド・ゴルフを普及させようと、グラウンド・ゴルフ教室が年間10回開催されました。

グラウンド・ゴルフ教室。年間 10 回開催された

2

グラウンド・ゴルフ全国展開へ

●わずか1年で全国的なスポーツに

昭和57年12月7日には、第1回泊村グラウンド・ゴルフ大会を村内の高齢者を対象に開催しました。それと並行して、県内の社会体育関係者、社会福祉関係者を対象に説明会を開催し、文部省主催の生涯スポーツ推進協議会で発表するなどするうちに、県内をはじめ全国から少しずつ注目され出したのです。

このころになると、全国から用具購入の問い合わせもあり、その対応も考えなければならなくなったため、昭和58年4月には、大手スポーツメーカーに用具の販売を依頼し、いよいよ全国普及への体制が整いました。

その間、わずか1年ほどの飛躍的速度で、グラウンド・ゴルフは全国的なスポーツとして普及を始めることになったのです。

●初代会長には南部忠平氏が就任

昭和58年7月3日泊村グラウンド・ゴルフ協会を、昭和58年7月9日鳥取県グラウンド・ゴルフ協会を設立しました。全国普及を図るため昭和58年7月27日、岸記念体育会館内で設立総会を開催し、日本グラウンド・ゴルフ協会が設立されました。わずか1ヵ月で3つの協会が設立されたのです。

初代日本グラウンド・ゴルフ協会の会長には、当時の鳥取女子短期大学学長の南部忠平氏が就任されました。

第1回鳥取県グラウンド・ゴルフ大会

昭和58年秋には、「国際スポーツフェア'83秋」でグラウンド・ゴルフが紹介されました。コースの距離は、初代日本グラウンド・ゴルフ協会長 南部忠平先生のロサンゼルス・オリンピック（1932年）三段跳び15ｍ72㎝（当時世界新記録）及び走り幅跳び世界記録7ｍ98㎝を基に設定されました。

このような経過をたどり、グラウンド・ゴルフが誕生して2年で、組織、用具の提供体制、ルールの策定など整い、本格的に全国的スポーツへの展開が始まったのです。

繰り返すようですが、このような速さでグラウンド・ゴルフが誕生した陰には、専門委員会の委員に技術協力者を入れたことがあげられます。専門委員の皆さんの意見をすばやく反映させ、多くの試作品をつくり改良をすばやく手掛けられた技術協力者がいてくださったことが、グラウンド・ゴルフの開発を順調に進めることができた、1つの大きいポイントとなっているのです。

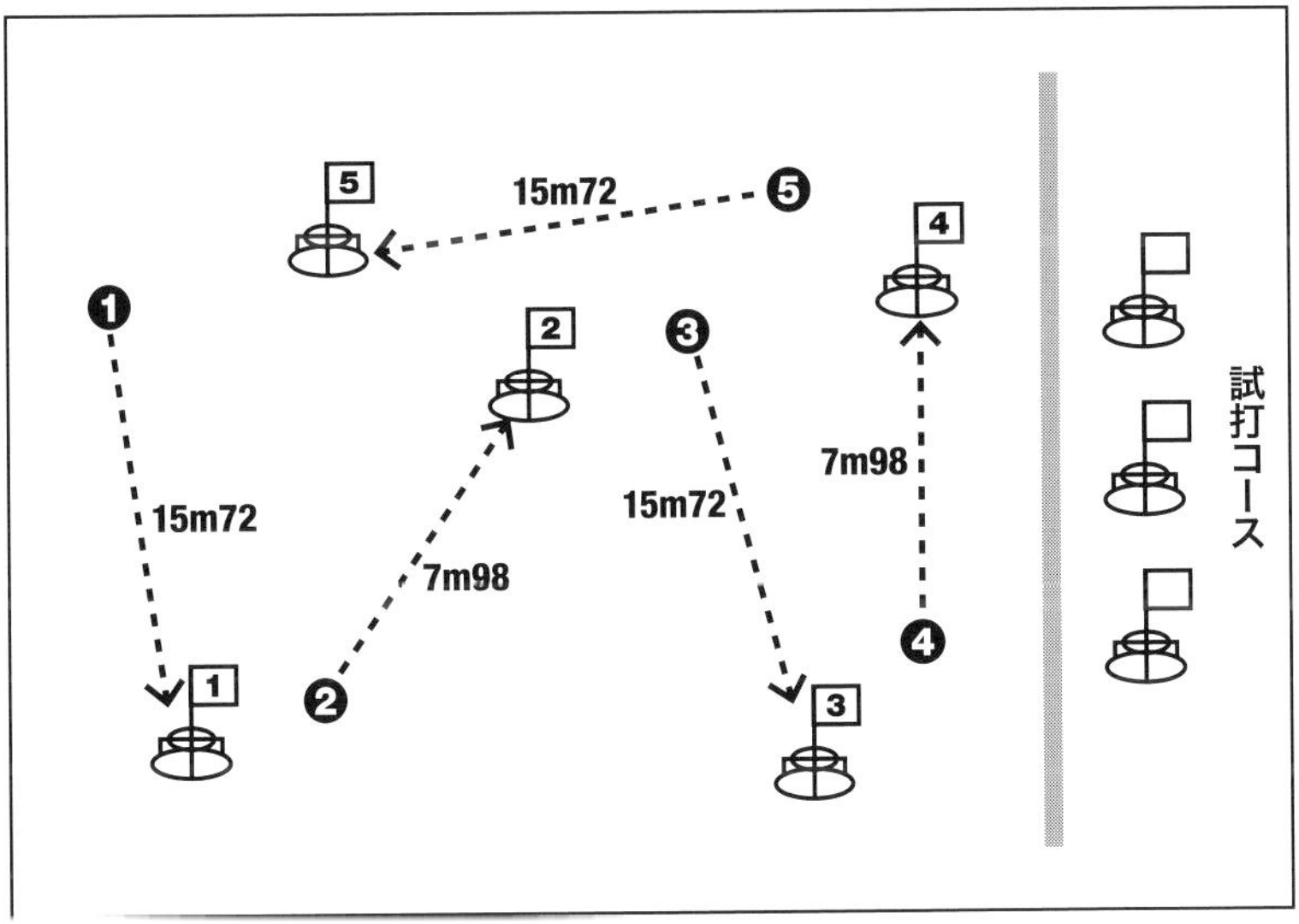

コース及び会場図（国際スポーツフェア '83 秋）

第2章

グラウンド・ゴルフは生涯スポーツ

——スポーツは文化の考え方を尊重

1 生涯スポーツの基本的な考え方とは

●スポーツを文化としてとらえる

それでは、生涯スポーツの基本的な考え方について整理してみましょう。

生涯スポーツの基本的な考え方は、スポーツを単なる筋肉運動としてとらえるのではなく、プレー性（楽しみや生きがい）や人間とのかかわり（仲間と楽しむことにより、よき仲間を多くつくる）を大切にすることです。

「運動＋楽しみの要素＋コミュニケーション＝スポーツ」→文化

グラウンド・ゴルフは、この3要素が満たされたスポーツであり、文化としてとらえることができるのです。このことを大切にして、プレーを楽しんでいただきたいのです。その結果として健康や体力づくりにつながっていきます。

このようにスポーツを人間の文化としてとらえることが重要であり、生涯スポーツの基本的な理念であるといえます。

大切にすべき3つの観点

以上のようなことから、生涯スポーツのプレーヤーは、次の3つの観点に留意する必要があります。

・プレーの要素

プレーの要素を大切にし、単なる筋肉運動ではなく、自分が楽しくプレーできたり、皆が楽しくプレーできたりすることを重視して、仲間の輪（和）を広げ、楽しくプレーした結果として健康や体力づくりにつながるのです。

・自己学習、自己教育

指導者に頼るより、まず、自己学習・自己教育をめざして自ら主体的に思考し、プレーの力量を高めたり練習等の工夫をする向上心が大切なのです。

・**自己審判・自律行動**

自己審判・自律行動をめざして、他のプレーヤーと協調し相和し、ずるやごまかしをしないなど自分の行動を律しつつ、ルールを認め守る精神を持つ必要があります。

生涯スポーツプレーヤーは、この3つの観点を大切にし、お互いに調和・協調しながら自らを律し主体性を持って取り組むことが大切です。例えば、審判員や指導者がいないとプレーできないとか、決められたスペースがないとゲームができないというような考えではなく、プレーする仲間で考えて楽しむことが大切です。

スポーツに人間を合わせるのではなく、人間にスポーツを合わせるという発想の転換が重要なのです。

そして、スポーツを体力や運動技能に優れた一部の人のスポーツから、性、年齢、社会的な立場、身体的な条件など関係なく行える「みんなのスポーツ」へ、すべての人に開かれたスポーツへと進化させていこうという考え方が重要です。

そのためには、ルールやゲームのやり方、用具の改良などをプレーする人間に合わせていくという前向きな変革も必要です。

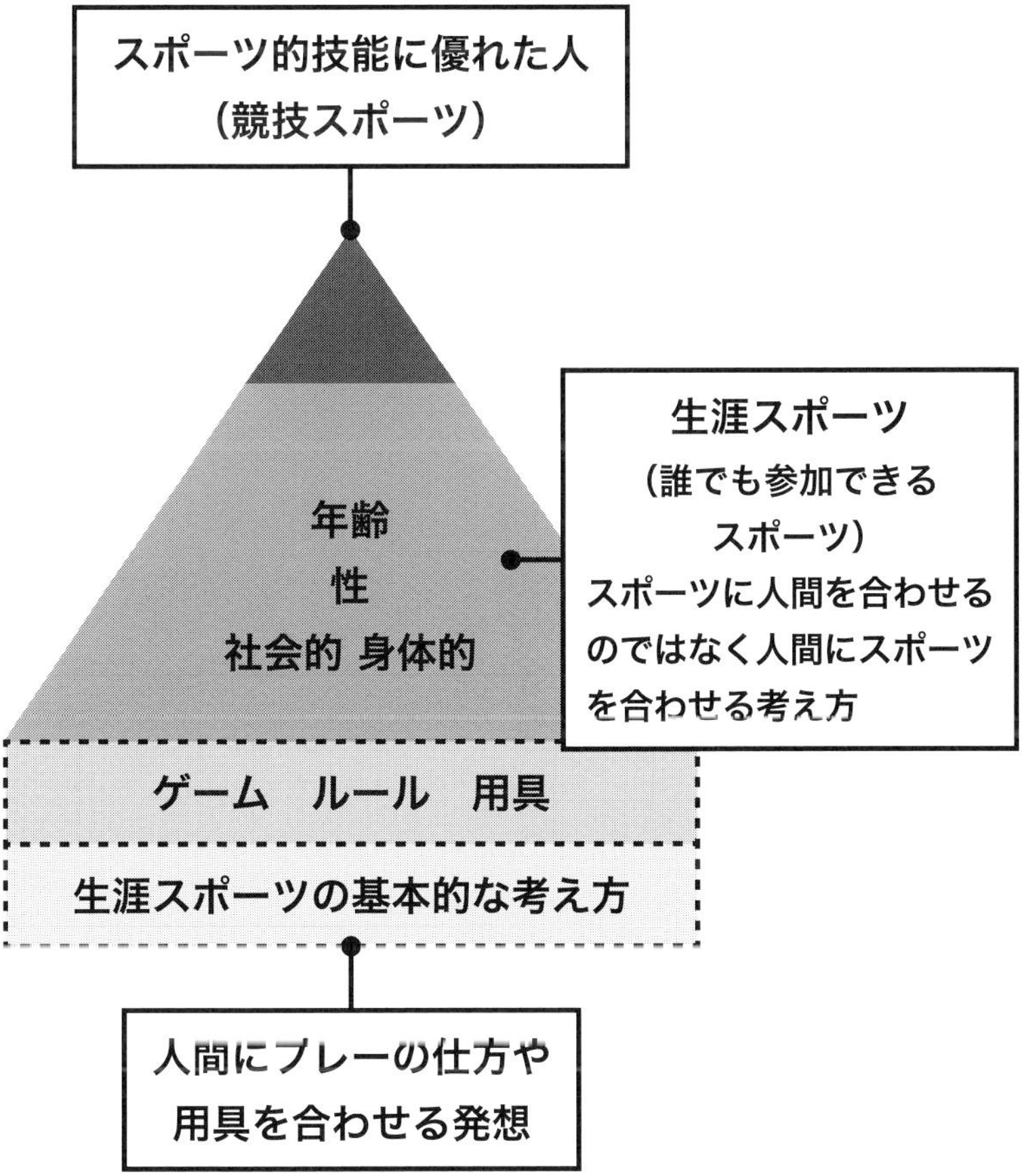
スポーツ的技能に優れた人
（競技スポーツ）
生涯スポーツ
（誰でも参加できる
スポーツ）
スポーツに人間を合わせる
のではなく人間にスポーツ
を合わせる考え方
年齢
性
社会的 身体的
ゲーム　ルール　用具
生涯スポーツの基本的な考え方
人間にプレーの仕方や
用具を合わせる発想

2 生涯スポーツに引退はない

体力、健康状態に応じて継続

生涯スポーツには、引退という言葉はふさわしくなく、生きがいや楽しみとして、一生涯を通じてスポーツを行うことが理想です。生涯とスポーツのかかわりについて、競技指向と年齢から見てみると、非常に競技指向が強い上り坂スポーツの時期と、勝敗よりもスポーツそのものを楽しむという、下り坂スポーツの時期があります。

体力や運動能力は個人差がありますが、年齢とともに落ちてくるものです。その時期にスポーツをやめてしまうのではなく、自分に合う新しいスポーツを見つけることが重要です。生涯スポーツには引退はないのです。そのためには、個人の努力と社会のサポートが必要となってきます。

グラフに示したように、競技的なスポーツをしていると、30歳を過ぎるとスポーツを止めてしまう方が多かったのです。しかし、近年、健康志向の高まりやさまざまなスポーツの楽しみ方が広がり、「第1の引退」は解決の方向に進んできています。

今、もっとも大きい課題は、「第2の引退」を少なくすることです。体力的に落ちてきてスポーツを止めてしまうのではなく、自分の体力や健康状況に応じて継続することが大切です。

スポーツを通して適度に身体を動かし、心身の健康を保ちながら、日々生き甲斐のある生活を送ることはとても重要です。明日があるから楽しいと思えるような生き方をしたいものです。

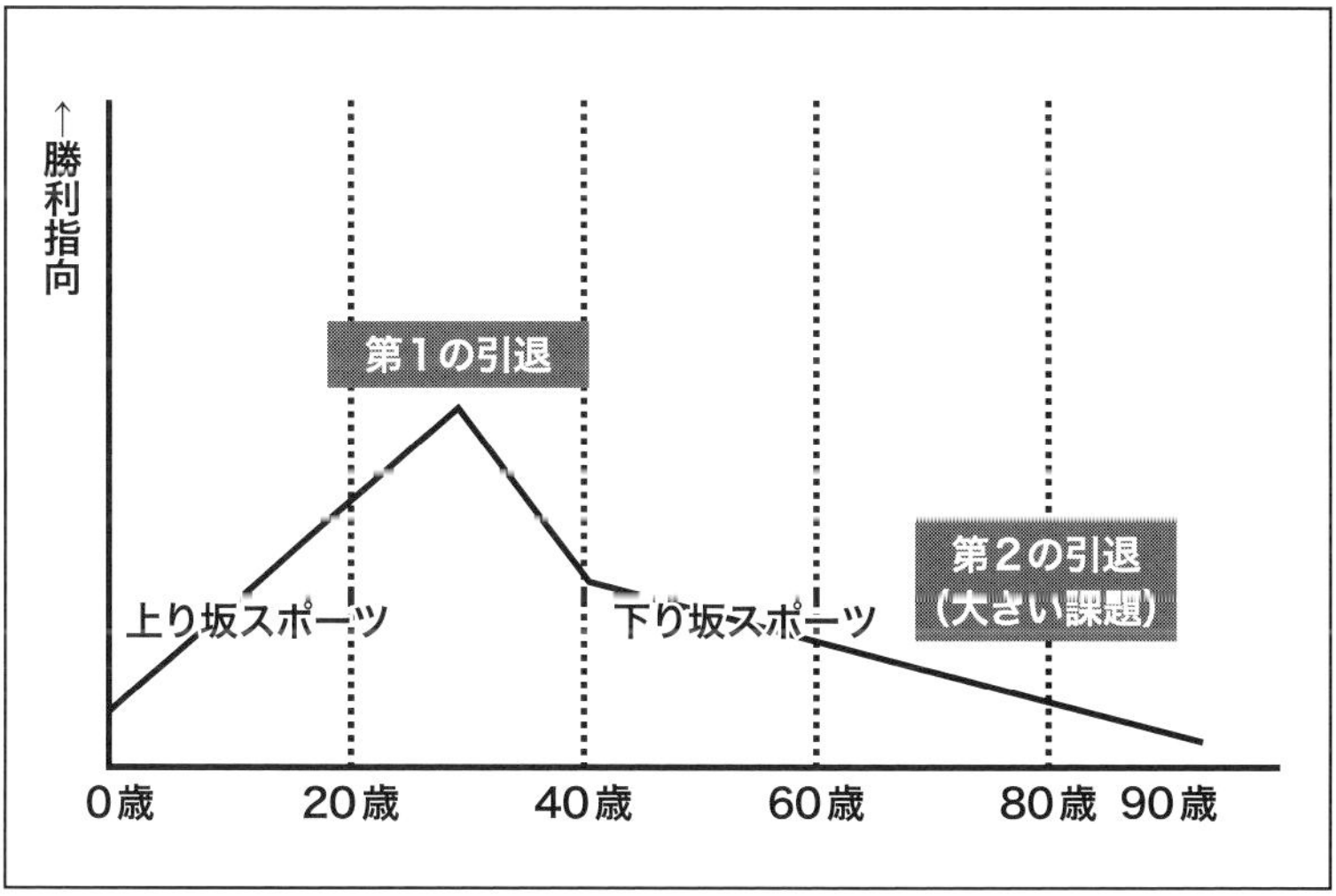

プレーヤーの生涯におけるスポーツとのかかわり

3

生涯スポーツの発想からゲーム及びルールを策定

●グラウンド・ゴルフは人間主役のスポーツ

グラウンド・ゴルフのゲームやルールをつくる際、生涯スポーツの観点を大切にしています。

グラウンド・ゴルフのゲームやルールは、「プレーの要素を大切に」「自己学習・自己教育」「自己審判・自律行動」の考え方が基となって、策定されているのです。

その根底を走っている考え方は、一部の人から多くの人が楽しむことができるスポーツをめざして、「スポーツへ人間を合わせるのではなく、人間にスポーツを合わせる」この考え方なのです。細かいルールに縛られてプレーするのではなく、プレーヤーにゲームの仕方やルールを合わせていく「人間主役のスポーツ」として考案されているのです。

ゲームやルール策定の理念を整理すると、次のようにまとめることができます。

●グラウンド・ゴルフのゲームやルール策定の理念

①プレーの要素を大切に

遊びや楽しみの要素を大切にするということです。遊びの特性として、自由な活動が保証（保障）され、誰にも強制されないことが大切な要素です。仲間と気分よくプレーする精神を大切にしています。

②自己学習・自己教育

細かいルールに縛られるものではなく、ルールは目的や条件に応じて自分たちが、つくるものであるという考え方を大切にしています。

グラウンド・ゴルフは、並み外れた体力や技術がなければできないというスポーツではなく、性・年齢など関係なくプレーすることができ、プレーヤーは自然環境に応じてコースを創意工夫したり、自由にコースを考えたりしてプレーすることができます。

そして、グラウンド・ゴルフのルールは、プレーヤーの目的、能力、環境などに応じて、その場に応じたルールを決めることができるように配慮されています。

このように、指導者や行政に頼るのではなく、まず自己学習・自己教育をめざして、自ら主体的に思考し、プレー環境やプレーの仕方、プレーの力量を高め、練習等の工夫をすることを大切にしています。

③自己審判・自律行動

細かいルールによってプレーの仕方を制限するのではなく、プレーヤーの目的、能力、環境などに応じて、ルールを決めて楽しめるように考えられています。生涯スポーツは、強制されればたちまち魅力的な愉快な楽しみという性質を失ってしまいます。

このようなことから、グラウンド・ゴルフは審判員等を置かないように考案し、当初から意図的に考えてルールづくりがされています。それゆえに、自分に厳しく判断し、自らを律していく行動が強く望まれています。

グラウンド・ゴルフは、このような考え方から誕生したスポーツであり、それゆえにプレーヤーの「プレーの要素」「自己学習・自己教育」「自己審判・自律行動」の考え方を大切にすることが重要になってくるのです。

グラウンド・ゴルフが現在、全国的なスポーツとして愛好されている要素の1つに、生涯スポーツの精神をもとにしてゲームやルールが策定されていることがあげられます。

このような考え方は、いつまでも大切にしていかなければならないものです。

第3章

グラウンド・ゴルフ愛好者から〈1問1答〉

1 自分のプレーが終わってからの動きについて

Q 問1

第1条「プレーヤーは、自分のプレーが終わったら、すみやかに次のプレーヤーの妨げにならない場所に行く」と決められているのですが、「妨げにならない場所」とは、どこを指しているのでしょうか。

A 回答

グラウンド・ゴルフ標準コースでは、最長50メートルのコースがあります。したがって、ボールとボールが当たったときの処理のため、プレーの妨げにならないところを歩いて、できるだけ自分のボールの近くに行くことです。

距離の短いコースですと、自分のボールの近くに行き、他のプレーヤーのプレーを見て、ボールが身体に当たったりしないように安全への配慮もしてください。

Q

問2

ゲームの進行において大切なのは、プレー後のプレーヤーの位置です。高齢者の多いグラウンド・ゴルフでは、愛好者の増加にともなって事故が起こる可能性が考えられます。

私が目撃した事故では、ボールを避けようとして転倒し、手首をねんざして通院したケース。大事には至らなかったのですが脚にボールが当たり、よほど痛かったのでしょう、相手を怒鳴りつけていたケース。また、マークをしている手にボールが当たり、飛び上がって手を振っていたケース。

このような事故は、グラウンド・ゴルフではあってはならないことなのに、どうしてこのようなエチケットに反する危険行為が平然と行われるのでしょうか。

A

回答

グラウンド・ゴルフを楽しむためには、特に安全に注意してプレーすることが大切です。打撃後のプレーヤーは、速やかに自分のボール近くの安全な場所へ移動し、他のプレーヤーが打つ瞬間を見ていなければなりません。なぜなら、ボールがどこに行くかわからないからです。時にはクラブが飛んでくることもあるでしょう。

距離の長いホールでは、移動しながらでも、他のプレーヤーが打つ瞬間は必ず見る習慣をつけることが大切です。また、ボールを打つプレーヤーは、安全を確認して打つことは当然のことであり、グラウンド・ゴルフプレーヤーの基本中の基本です。

特に、マークしている人の手にボールが当たる可能性がある状態でボールを打つなどは、決して行わないようにしましょう。

プレーヤーは、自分に厳しく判断し、自らを律していく行動が強く望まれているのです。

2 同伴プレーヤーの立つ位置等について

Q 問3

プレーヤーがボールを打とうとしたら、２メートル程度真後ろに同伴プレーヤーが立っているので、退いてほしいと要求しましたがトラブルとなりました。このような場合は、どう判断すべきでしょうか。

A
回答

　ルール第2条「プレーヤーは、同伴のプレーヤーが打つときには、話したり、ボールやホールポストの近くや後ろに立たない。また、自分たちの前を行く組が終了するまで、ボールを打たない」と決められていますので、ボールとホールポストを結んだ延長上に同伴プレーヤーは立ってはならないことになります。

　また、安全性の面からも、プレーヤーが打つときは、後ろに立つことは避けなければなりません。特に、第1打目は安全面から考えますと、打とうとするプレーヤーと向き合う位置で離れて見ていることが大切です。

　グラウンド・ゴルフの理念である仲間と気分よくプレーする精神を大切にして、プレーを楽しみましょう。

Q 問4

ゲーム開始時、最初のプレーヤーは、いつプレーを始めたらよいのでしょうか。

A 回答

大会などで、ゲーム開始の合図等があった場合は、プレーを自主的に始めればよいのです。

次のホールに行ったときは、自分たちの前を行く組が終了するまではボールを打ってはなりません。

Q

問5

第6条「プレーヤーは、ゲーム中いかなる打球練習も行ってはならない。本条の反則は1打付加する」と明記されているのですが、ゲーム中とはどの時点からどの時点までのことを指しているのですか。

A

回答

同じ組の同伴プレーヤーが、コースに入った時点からゲームが終了しコース外へ出たときと考えればよいでしょう。これ以外でも、大会であれば大会主催者の指示に従って打球練習は行ってください。

Q 問6

さまざまな妥当な理由があり、スコアーを自分で記入できないプレーヤーにかわって記入してあげることは、違反となるでしょうか。

A 回答

ルール第7条「プレーヤーは、打つとき足場を板などでつくったり、人に支えてもらったりするなど、物的・人的な援助やアドバイス、あるいは風雨からの防護を求めたり、受けたりしてプレーしてはならない。本条の反則は1打付加する」の援助となるかどうかの問い合わせです。

基本は、自分のスコアーは、自分で記入するのが原則です。しかし、さまざまな理由で、自分でスコアーを記入できない人もおられることはあり得ますので、大会主催者の許可を得て記入してあげてください。その際、同伴プレーヤーへ大会主催者の許可を得ていることを伝えてください。

Q

問7

次の判断は正しいでしょうか。

打ったボールが、ホールポストの脚に接して止まりました。次の1打をクラブのヘッドを回すようにして打ち、ホールポストに入れた場合、正しく打つ行為でなく回し打ちとみなして、1打付加することは間違いでしょうか。

A

回答

ホールポストの脚にボールが接触して止まったときの処理の正しい方法ですが、このことについては、長年いろいろな意見があります。次のような方法が正しい処理だと考えています。

横に1打打って、それからホールポストに入れます。回し打ちや強引なショットは同伴プレーヤーから嫌がられるプレーです。ルール第9条「プレーヤーは、ボールを打つときはクラブのヘッドで正しく打ち、押し出したりかき寄せたりしない。本条の反則は1打付加する。ただし、から振りの場合は打数に数えない」の主旨に反する打ち方であると判断できますので、これは正しい処理だと考えます。グラウンド・ゴルフの理念である「仲間と相和し楽しくプレーする」精神を大切にしてください。

Q
問8

ホールポストとボールを結ぶラインをまたぐようなフォームで打ってもいいのでしょうか。

A
回答

この打ち方は、ルール第9条「プレーヤーは、ボールを打つときはクラブのヘッドで正しく打ち、押し出したり、かき寄せたりしない」の押し出したりかき寄せたりの確率が高い打ち方となります。またマナーの面でもよくないので禁止されています。

したがって、このような打ち方をした場合は1打付加することになります。

Q
問9

クラブヘッドの底面でビリヤードのように突き出してボールを打つことは、押し出し等の打ち方にならないでしょうか。

A
回答

ボールはクラブヘッドの打面で打つこと、ただし、ホールポスト近くや狭い場所など止むを得ない場合にかぎって、クラブヘッドのどこを使ってもいいと決められています。

このような場合は、クラブヘッドの底面でビリヤードのようにして打つことは問題ありません。押し出し等の判断は、クラブがボールに当たる瞬間にヒットしているかどうかです。

Q
問10
クラブを片手で握って打ったほうが、力が抜けてうまく打てるのですが、ルール違反になりますか。

A
回答
ルール上は違反となりません。配慮しなければならないのは、他のプレーヤーがどう受け止めるかです。

例えば、「フルスイングをしたとき、クラブが手から離れたら危険だ」「なぜ片手で打つのだろうと疑問を感じる」など、他のプレーヤーが危険や違和感を覚えないだろうかということです。また、ホールポスト近くだと「押し出し」「かき寄せ」になりやすいのです。

したがって、問題は力が抜けるのでボールがうまく打てるということですから、片方の手は軽く握る程度にしたらどうでしょう。そうすると、安全性も高まりますし、ルール違反も避けられ、仲間に安心感や信頼感を与えることもできます。

グラウンド・ゴルフの理念、仲間と気分よくプレーする精神を大切にしましょう。

Q

問11

ゴルフのように、ホールポスト近くになると片手で打つ場合があるのですが、ルール違反にはなりませんか。

A

回答

ルールには、片手で打ってはいけないということは明記されていません。しかし、グラウンド・ゴルフの場合は、ゴルフのようにホールが穴ではないので、微妙な力加減でホールポストからボールが出てしまう確率が高くなります。

また、引きずりや二度打ちの原因となりますので、正確なパットをすることをおすすめします。特に、きめの細かい土でよくしまった状態の場所は、普通に打ってもボールがホールポストを通過してしまう確率が高いのです。

最後まで集中したパットをすることをおすすめします。

Q

問12

ボールの打ち方で、「突く」ことと「押す」ことは同じではないかと思うのですが、どう違うのでしょうか。

A

回答

ホールポスト近くや狭い場所など止むを得ない場合にかぎって、クラブヘッドのどこを使ってもよいと決められています。

「突く」こととはボールとヘッドが離れた状態でビリヤードのようにヒットさせることです。「押す」こととは、ボールとヘッドをヒットさせないで、ある一定の時間ボールとヘッドが引っついた状態でボールが移動することをいいます。

したがって、判断の基準はボールとヘッドがヒットしているかどうかで判断します。

Q

問13

私たちが日頃使用しているグラウンド・ゴルフ場は、周辺にボールが落ちないように周囲にボール止めが設置されています。そのようなことから、よく打ったボールがボール止め近くに止まり、ボールとボール止めにクラブのフェイスがぎりぎり入るケースがよくあります。

グラウンド・ゴルフ場のつくりのこともあり「引きずり」と強く言えないのですが、どうすればよいのでしょうか。

A

回答

このような場合、打てば一般的には「引きずり」と判断されますから、1打付加し、ホールポストに近づかないように、クラブ1本分以内にボールを動かしプレーします。しかし、グラウンド・ゴルフ場の環境のことを考えると、その場だけのローカルルールとして、認めることも1つの方法だと思います。

これは、その場だけに通用することであり他には通用しないことを徹底して周知しておく必要があります。

Q

問14

第1打目のショットで、ボールがコンクリート壁の手前約5センチの所に止まりました。第2打目は普通の打ち方では打てないので、次のようにしました。左手でクラブを軽く持ち、コンクリートとボールの間にクラブのヘッドを入れ、次に右手でクラブのシャフトの下の部分を強く1回たたいてボールをクリーンヒットさせました。これはルールの第9条のボールの打ち方に抵触するでしょうか。

A

回答

この場合、クラブヘッドを間に入れてもボールとクラブヘッドの間に隙間がありヒット可能な状況です。お問い合わせのような打ち方は問題ありません。そして、クリーンヒットしたとのことですから、このような場合には許されるショットだと考えます。

Q 問15

ボールが溝に落ちて打てないので、落ちた位置からホールポストに近づかないクラブ1本分以内の距離にボールを動かしてプレーをするのですが、ホールポストとボールを結んだラインからクラブを動かす角度は何度でしょうか。

A 回答

ルール第10条「プレーヤーは、打ったボールが紛失したり、コース外に出たりしたときは、1打付加し、ホールポストに近寄らないで、プレー可能な箇所にボールを置き、次の1打を行わなければならない」に関連する質問です。

角度については、ボールの落ちた地点とホールポストとの距離によって違ってきますから何度ということは言えません。

したがって、その場面場面で同伴プレーヤーの同意を求めながら拾い上げ、次の1打を打つ位置を決めて、1打付加しプレーするとよいと考えています。

Q

問16

打ったボールがイラストのように直角の溝の頂点に落ち、拾い上げてもクラブ1本分以内で打てない場合の処理はどうすればよいでしょうか。

A

回答

このようなケースもまれにあると考えられます。このような場合の処理方法は示されていませんので、自分に有利にならないように、ホールポストに近づかない位置からプレーすることです。

その際、必ず同伴プレーヤーの同意を得て行うこと、大会では審判長やそれに該当する方の判断を仰いでください。

Q

問17

ボールが溝の中に落ち、落ちた勢いで溝の中を転がって移動してしまいました。この場合、拾い上げる基点はどこと考えればよいでしょうか。

A

回答

このようなことはよくあることです。拾い上げる基点は、ボールが落ちた地点です。

また、ボールを紛失したときはボールが見えなくなった地点、コース外へ出たときはコース外に出た地点です。

Q
問18

ボールの後ろにマークすると書いてありますが、後ろといっても、ボールと地面の接地点、ボールを上から見下ろした位置もあり、どう判断すればよいでしょうか。

A
回答

ルールでは、プレーの妨げになるボールについて、第11条で「プレーヤーは、プレーの妨げになるボールを、一時的に取り除くことを要求することができる。取り除くのは、ボールの持ち主であり、その際ホールポストに対して、ボールの後方にマークをして取り除かなければならない」とあります。

したがって、おたずねのマークの仕方ですが、決まりはありません。ボールを取り除いて自分が元の位置に正しく戻せる方法でいいと思います。あくまでも、自分に有利にならないよう、自分に厳しく判断し、自らを律していく行動が強く望まれています。

Q

問19

最近、マークの仕方が大変悪くなったと思います。例えば、ホールポスト近くでマークするとき、真後ろにマークせず、自分の有利な位置にずらしてマークしたり、ボールを元の位置に返すときもずらして返したりする行為があり、不愉快に感じているのですが。

A

回答

グラウンド・ゴルフは、審判員等を置かないように、考案当初から意図的に考えてルールづくりがされているスポーツです。それゆえに、自分に厳しく判断し、自らを律していく行動が強く望まれています。

このような行為は、ホールポスト近くになりホールポストの脚を避けるとか、少しでもよいコースを取るための自分に有利となる行為です。これは、マナーやエチケットに反する行為であり、仲間にも不愉快な気持ちを与える行為であるばかりか、本人の人格まで疑われることであり、トラブルにならないよう配慮しながら、指摘して改善を求めるべきだと思います。

Q
問20

「ホールポストに近づいたボール」についての質問です。「おおむねクラブヘッドくらいの長さに近づいたボールは、『お先に失礼』と言って打つのがエチケット」と認識しており、先日、「お先に」を行ったのですが、ミスをし、ホールポストを50センチほど通り過ぎてしまいました。

そこでマークをし、再び順番どおりに打とうと思ったのですが、同伴プレーヤーが言うには、一度「お先に」を言ったからには、まず、その人がホールインしなければならない。何度でも続けて打って、そのプレーヤーが打ち終わってから、他のプレーヤーの番になると言います。本当でしょうか。私としては、マークして次の順番まで待ちたかったのですが、それは不可でしょうか。

A
回答

ご質問は、「お先に失礼」に関連することです。このようなケースはよくあることです。

しかし、ホールポストをボールが通り過ぎてからの打順については明確に示されていません。連続して打てるのはクラブヘッドの長さくらいということからすれば、マークして次の打順を待つという行為は決して間違いではないと思います。同伴プレーヤーがそろって連続して打つべきだというからには、何かそれなりの理由があるはずです。例えば、ローカルルール的に決めているとか、その都道府県の確認事項となっているとか、理由があると思いますからよく聞いてみてください。生涯スポーツは、強制されればたちまち魅力的で愉快な楽しみという性質を失ってしまいますので、意見交換されるとよいと思います。

9 ホールポストの外輪の真上に止まった場合について

Q 問21

ホールポストの外輪上にボールが止まり、「トマリ」の判定に疑問が生じた場合、同伴プレーヤーの多数決でよいでしょうか。それとも1人でも認めないプレーヤーがいれば認められないでしょうか。

A

回答

「トマリ」となるかどうかの判断だと思います。土のコースであれば、外輪の太さは6ミリありますから、このような問題は起こりません。しかし、雨で土が軟らかくなり外輪が土にめり込んでいるようなときには、このような問題が起こります。そして、近年、芝コースが多くなり芝の深い所などでは、しばしば起こるケースです。

このような場合は、グラウンド・ゴルフの理念の1つに「自己審判」という考え方がありますから、ボールを真上から見て外輪がボールの中心もしくは外輪の内に入っていると判断した場合、それを同伴プレーヤーに話し同意を求めることです。

それでも同意が得られない場合は、多数決ではなく大会主催者（それに該当する者）の判断を仰ぐべきです。なぜならば、グラウンド・ゴルフの理念に「仲間と気分よくプレーする精神を大切にしています」という考え方がありますから、第三者の意見を求めるべきです。

Q 問22

うっかり打順を間違えて打ってしまいました。同伴プレーヤーから正しい順番で打ち直すように言われるので、それに従って打ち直しをしました。かなりよいショットで残念でした。

打ち直しをしなければいけないのでしょうか。

A 回答

基本的に打順を間違えてはいけません。同伴プレーヤーが認めれば次の打から正しい打順でプレーされればいいのです。

しかし、この場合のように打ち直しを要求された場合は、いくらよいショットでも、残念ですが正しい打順で打ち直さなければなりません。仲間で楽しんでいるような場合は、仲間の皆さんの同意を得てプレーを継続すればよいでしょう。

Q 問23

ボールを交換したいのですが、次のどの場合であれば交換できるのでしょうか。
(1) 1ホール内で何回もできる。(2) ホールごとに交換できる。
(3) 1ラウンド終了すれば交換できる。

A 回答

一般的には、すべて同じボールでプレーするのがよいと考えています。しかし、最近、さまざまな種類のボールができていますので、その日のコンディションに応じてボール交換したいという気持ちもよくわかります。1ラウンド終了するまでは交換してはいけないと考えたらよいと思います。

ただし、ボールが確認できない所に入り込んでしまい発見できないときや、めったにないのですが、打ったボールが破損したとき、このようなときは主催者（それに準ずる方）に相談してボール交換してください。

Q

問24

昨年、講習を受けましたが、講師から「1つのボールの原則」という話がありました。1ラウンド中はボールを変えてはいけないという内容でした。これは本県協会だけのローカルルールだと考えていますが、見解を教えてください。

A

回答

お問い合わせの「1つのボールの原則」についてですが、プレー中にボールが破損するか紛失しないかぎり、1ラウンドは同じボールでプレーしなければならないと考えてください。

したがって、貴県だけのローカルルールではないと考えるべきでしょう。

破損
紛失
?
破損・紛失しない限り
「1つのボールが原則」

Q 問25

打順が前のプレーヤーの第1打目が、ホールポストより以遠（ある地点よりさらに遠いこと）に静止した場合について、「次のプレーヤーが取り除くことを要求しない場合、ボールを取り除かなくてもよい。たとえ、ボールの位置がホールポスト以遠付近のおおよそ50センチ以内であっても」と、ある方から指導を受けました。私は納得できず反論しましたが、同じ答えでした。ところが、つい先日の大会でホールポスト以遠のボールを取り除かないプレーを堂々と行っておられました。その結果、同じチームの2人が、それで救われました。

私は、画一的にマークしなさいと言っているのではなく、ホールポストの近く、たとえスタートマットから見て逆側でもマークすべきであり、大会等で作戦として利用するに至っては、おおよそスポーツマンシップの観点からも嘆かわしく、怒りさえ覚えるのです。

グラウンド・ゴルフの理念、特にプレーヤーとしての三側面が調和する人間の原点と逆の方向に流れているのではないかと、強く危惧を抱いています。

A

回答

ルールの第11条「プレーヤーは、プレーの妨げになるボールを、一時的に取り除くことを要求することができる。取り除くのは、ボールの持ち主であり、その際ホールポストに対して、ボールの後方にマークをして取り除かなければならない」と明記されています。

打ったボールが、ホールポストに近い場合は、マークしてボールを取り除かなければなりません。たとえ、それがスタートマットから見てホールポストの逆の位置であっても当然のことです。ボールはすべてホールポストの手前で止まるとはかぎらないからです。むしろ高い確率でホールポストを通り過ぎると考えて間違いありません。ましてや、団体戦の作戦の1つとして、意図的にボールを取り除かないプレーは行ってはいけない。この考え方が全国的に共通理解されていると考えています。

このようなことが現実としてあるから、身体的な危険リスクを知りながら「連打」を行う大会運営が行われているとも考えられます。グラウンド・ゴルフの理念から大きく逸脱すると考えてよいのです。全国でプレーしておられる多くの方が、このようなことをよしとされることは絶対にありません。

プレーヤーは他者のボールが当たりそうな場合は、どのような場所であろうと、取り除くよう要求されなくとも、自らマークして取り除くことがルールの前提にありマナーです。

Q

問26

風によりボールが動いたときの処理は、どのようなときに適応になるのですか。例えば、プレーヤーが打った直後とか、打とうとして構えたときとか、何か決まりがあるのでしょうか。

A

回答

グラウンド・ゴルフ誕生当初は、ボールが木製でできていて重さにばらつきがあり、軽いものだと60グラム程度のものもありました。

グラウンド・ゴルフ試行教室で強風のためボールが転び出し、かなりの距離を移動してしまう場面がしばしばあったことから、第13条「プレーヤーは、打ったボールが動いている間は、ボールを打ってはならない。風によってボールが動いたときは、静止した場所からプレーをし、動いてホールポストに入った場合はトマリとする」というルールができたのです。そのようなことから、ボールの重さは75グラム以上95グラム以下と決まっています。

お問い合わせの内容は、明文化されて決まっていないと理解しています。前述していますように誕生当初の処理方法が現在も活きていると考えています。風によってボールが動いたときの処理は、打球後とか打とうとして構えたときなど関係なく、ボールが動いて止まった位置から次のプレーをします。これが誕生当初の考え方です。

最近の異常気象が頻繁に起きる状況であれば、予期せぬ突風が吹くことも考えられ、ボールの重さが一定になったからといっても、このようなケースはあり得ると考えています。

Q
問27

第1打目のボールを打ったら、ホールポスト近くに止まり、その後、強い風が吹きホールポストに入った場合は、ホールインワン「トマリ」になるのでしょうか。

A
回答

この場合は、幸運と言いましょうか、ホールインワン「トマリ」となります。しかし、この逆で、ホールポストから大きく離れてしまう場合もあるのです。

14 ホールインワンしたボールを取り除く判断について

Q
問28

ホールインワンしたボールを、たまたまホールポスト近くにいた他のプレーヤーが拾い上げてしまいました。時間の節約にもなりよいことだと思うのですが、どうでしょうか。

A
回答

ルール第10条、11条、12条に自分のボールは、自分で移動させると表現されており、このことからすると、ホールインワンしたボールはプレーヤー自身が拾い上げなければならないと考えるべきでしょう。他のプレーヤーのボールを勝手に移動させてはならないのが原則です。

また、多少時間がかかっても、ホールインワンしたプレーヤーも自分自身で拾い上げて、「ホールインワン」の感動を味わっていただきたいと思います。

Q
問29

1年を通じて定期的に大会を行っているのですが、ホールインワンをしないで優勝した人は、1人もいません。以前、ホールインワンの「-3《マイナス》」は、実力とあまりにもかけ離れて不合理と思っていましたが、これにより初心者でも上位に立てること、励みや面白味があると思ってきました。ホールインワンの是非についての考えを聞かせてください。

A
回答

ホールインワンの是非についてですが、ホールインワン「-3《マイナス》」は、グラウンド・ゴルフ誕生時からルールで決められています。

なぜ、ホールインワン「-3《マイナス》」をルールに入れたのかという理由ですが、いちばん大きい理由は、プレーヤーがゲームを最後まであきらめないでプレーできるよう、逆転のチャンスをつくったのです。誕生の地、泊村の高齢者の方も「一度はホールインワンをしてみたい」と、さらなる意欲につながっていたのです。

ホールインワン「-3《マイナス》」は、全国的にも賛否がありいろいろと検討されてきましたが、やはりホールインワン「-3《マイナス》」は残そうという考え方になっています。逆転のチャンスがあり、最後までゲームに集中できることから考えると、ホールインワン「−《マイナス》3」はプレーヤーにとっては魅力あるルールだと思っています。逆転のチャンスがあり、結果が最後までわからない魅力を大切にしたらどうでしょうか。

これに対する反対論も十分理解できますが、ルール策定時から意図的につくられたことをご理解いただきたいと思います。

1　「スタートマット」「ホールポスト」の移動について

Q 問30

プレー中、正面にある木がスタートマットとホールポストの間にあってホールインワンが狙えない場合、スタートマットを動かしてもいいのでしょうか。

また、プレー中にボールが強く当たりホールポストの脚の方向がずれてしまった場合、元の方向に動かしてもいいのでしょうか。

A 回答

お問い合わせの件ですが、グラウンド・ゴルフの場合、ホールポストとスタートマットをいったんセットしたら、原則として動かさないのが一般的な見解です。

ちなみに大きい大会では、トラブルを避けるためスタートマットもホールポストも動かないように固定してある場合が多いのです。

小規模な大会や普段プレーを楽しまれるような場合は、スタートマットやホールポストを動かすとしたら、次のような場合が考えられます。

(1) プレーにより、ボールやクラブが当たって動いてしまい元の状態に返さないとプレーに支障があるとき。
(2) プレーヤーなどが意図的でなく、触れたり蹴ったりして動いてしまったとき。

(3)強風でホールポストが倒れてしまったとき。

これ以外にも、多くのケースがあると思います。プレーが続行できないような場合、正式な大会では、大会主催者の判断を得て主催者が元の位置に返します。また、仲間と楽しんでいるときは同伴プレーヤーの同意のもと、元の位置に返します。

したがって、立ち木を避けるためにスタートマットやホールポストを意図的に動かすことはできません。

自分で勝手に
スタートマットを動か
してはいけません

Q
問31

ルールブックには、OBラインという言葉は見当たりません。グラウンド・ゴルフでは設定しなくてもよいのでしょうか。

A
回答

OBラインは、必ず設定しなくてはならないというものではありません。したがって、コースの広さとか周辺の環境などを配慮して、必要に応じて設定されてもかまいません。

特に、複数のコースが必要でコース設定したが、他のコースへボールが頻繁に入ってしまうような場合は、OBラインが必要だと考えています。

Q
問32

OBラインを設定した場合、そのラインをオーバーしたら1打付加なのでしょうか。

A
回答

この場合、コース外に出たと見なされ1打付加し、ホールポストに近づかないクラブ1本分以内にボールを動かしプレーします。

Q

問33

接近するスタートマットとホールポストの距離は、5メートル以上の間隔をとる必要があることは知っていますが、どうしても無理な場合はどうすればよいのでしょうか。

A

回答

このような場合、グラウンド・ゴルフのコースでは、大会関係者がプレー可能と判断すれば行うことはできます。

したがって、OBラインを設定するとボールが出てしまうケースが多くなるので設定しないとした場合は、コースからボールが出てもその位置から次のプレーを続けられればよいのですが、他のチームとの接触的な混乱が考えられます。

また、OBラインを設置した場合は、ルール第10条・紛失ボールとアウトボールで「プレーヤーは、打ったボールが紛失したり、コース外に出たときは1打付加し、ホールポストに近寄らないで、プレー可能な箇所にボールを置き、次の打を行わなければならない」とあり、その適応になります。OBラインを設定している場合、大会要項にルール第10条を適応すると明確にされるとよいでしょう。

Q

問34

先日、次のようなことがありました。Ａコース、Ｂコースとあり、Ｂコースから打ったボールがＡコースに入って障害物に当たり、Ｂコースに跳ね返ってきたのです。ルールブックを見ても適切な処理の仕方が不明なのでおたずねします。

A

回答

Ａコースと Ｂコースに ＯＢラインが設定されているかどうかで、判断はまったく違ってきます。ＯＢラインが設定されていない場合は、障害物を小石などと同じ扱いと考え、ボールが止まった位置から次のプレーをします。その際は１打付加しません。

また、ＯＢラインが設定されていた場合は、１打付加し、ＯＢラインを越えた位置からホールポストに近寄らないクラブ１本分以内の距離内で、プレー可能な箇所にボールを置き、次の打を行わなければなりません。大会要項にＯＢラインを設定しているかどうか明確にされる必要があります。

Q 問35

ボールが長椅子や台などの下に入り、普通のショットやパットができないとき、クラブヘッドの底面で突くように打つことも可能だと認識していますが、「押し出し」や「二度打ち」の原因にもなると思うので、少し詳しく教えてください。

A 回答

現在の判断は、ボールはクラブヘッドの打面で打つこと、ただし、ホールポスト近くや狭い場所など止むを得ない場合にかぎって、クラブヘッドのどこを使ってもよいと決められています。

このような場合、クラブヘッドの底面でビリヤードのようにして打つことは問題ありません。押し出しなどの判断は、クラブがボールと当たる瞬間にヒットしているかどうかです。

その際、注意することはエチケットやマナーを大切にして、膝を地面についたり、腹ばいで打ったりしないこと。また、ボールとホールポストを結んだライン上及びボールの後方の延長ラインをまたいで打ってはいけません。

Q

問36

第9条「プレーヤーは、ボールを打つときはクラブのヘッドで正しく打ち、押し出したりかき寄せたりしない。本条の反則は1打付加する。ただし、空振りの場合は打数に数えない」とあり、「クラブのヘッドで正しく打つ」というルールに照らして、クラブヘッドのソール部分でビリヤードのようにボールを打つことは違反ではないかと思われます。

仲間の間でも可否が分かれているのですが。

A

回答

現在の判断は、「ボールはクラブヘッドの打面で打つこと、ただし、ホールポスト近くや狭い場所など止むを得ない場合にかぎって、クラブヘッドのどこを使ってもよい」としています。

この場合、クラブのヘッドとはヘッド部分全体を指しており、クラブのフェイス（打面）、ソール（下の部分）、厚み（前後、上の部分）、これらすべてととらえるのです。したがって、クラブヘッドで正しく打つとは、「押し出し」「かき寄せ」「二度打ち」などしないで、クラブとボールを正しくヒットさせることであるとご理解ください。

Q 問37

第1打が運悪く、第2スタート表示板の後方に静止し、第2打は表示板がじゃまで打つことができません。スタート表示板を移動してよいでしょうか。また、スタートマットの横に止まった場合、動かしてよいでしょうか。

A 回答

スタート表示板もスタートマットも小石や障害物と同じ扱いになりますから、動かして打ってはいけません。横に1打打ち次のプレーをするなど、その場から最善な方法で脱出してください。

どうしても打てない場合は、ホールポストに近寄らないクラブ1本分以内の距離

Putt game Star 2.5 （パットゲームスター2.5）

・屋外での２.５～１ｍに相当する
プレーができる！
・４ホールのプレーを楽しめる！
・ホール近くの微妙なパット力を高める！

サイズ（ｃｍ）
H6×W47×D338

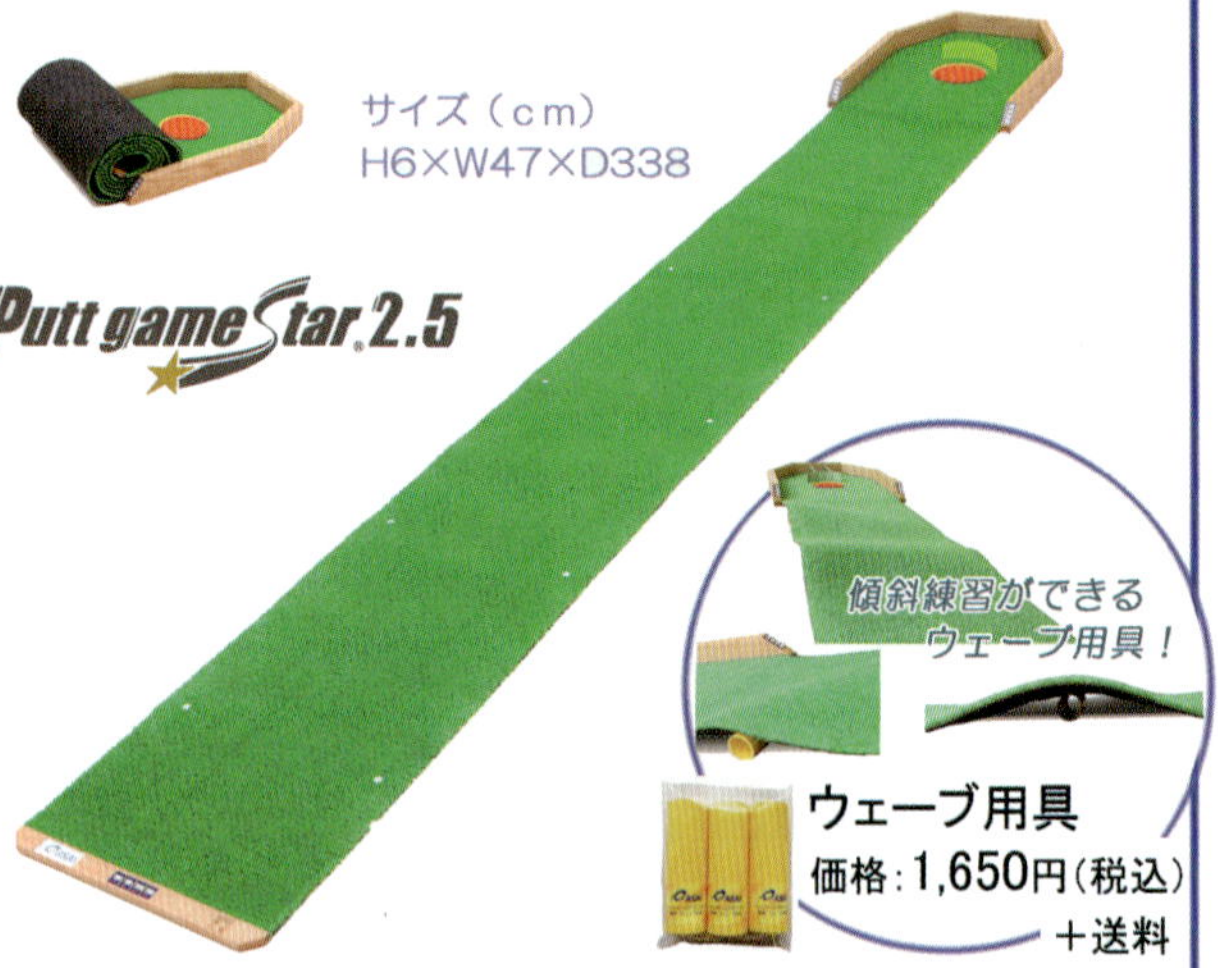

ウェーブ用具
価格：1,650円（税込）
＋送料

パットゲームスター2.5　価格：29,700円（税込）＋送料

屋内にて屋外とほぼ同じ距離感覚でできる！

短距離パットの技術向上！

Putt game Star 15 （パットゲームスター15）

・屋外での１５ｍ～５０ｃｍに相当する
プレーができる！
・5ホールのプレーが楽しめる！
・距離を打ち分ける技術を高める！

サイズ（cm）
H18×W50×D163

パットゲームスター15プロ　価格.62,700円（税込）＋送料
パットゲームスター15　価格:49,500円（税込）＋送料

屋内にて屋外とほぼ同じ距離感覚でできる！

中距離ショットの技術向上！

NEW

グラウンド・ゴルフ

ホールイン「とまり」コース

＝人工芝の本格的パット練習コース＝

ホールポストを安定するウェートを設置！

筒管がボール止めと人工芝を簡単に巻き収納できる！
1つ2役機能！！

ボールの散乱を防止するボール止めを設置！

シールを設置し、位置と距離をわかりやすく表示！

ホールポストまでの距離2m、1.5m、1mライン！

グラウンド・ゴルフパット練習コース「とまり」

設置サイズ(cm)/
幅45 奥行245 高さ13

★ 人工芝コースで屋外に近いボールの転び距離でプレー
☆ ホールポスト近くでのホールイン「トマリ」の確率をアップ
★ ボールストッパー機能によりボールがコースから出にくい
☆ 収納も簡単でコンパクトに収納箱サイズ
(cm)/縦52横48高さ20
★ クラブやボールで体育館や家のフロアー等を傷つけない
☆ 家族や仲間とホールインワン大会が楽しめる

商品名/ **G・Gコースフルセット**
品番/ **GGT10**
価格/ **13,178**円(税込)＋送料
MADE IN JAPAN　意匠登録出願済

商品名/ **G・Gコースセット**(ホールポスト無し)
品番/ **GGT11**
定価/ **10,483**円(税込)＋送料
MADE IN JAPAN　意匠登録出願済

内で、プレー可能な所にボールを置き、次の打を行ってください。

Q

問38

グラウンド・ゴルフを始めたばかりで大会に参加したのですが、第1打目が大きくそれて、参加者の自転車の列に入ってしまいました。非常に打ちにくいので、第2打目は自転車を移動させて打ったのですが、これは罰打となるのでしょうか。

A

回答

障害物となる自転車の移動ですが、自転車も小石や障害物と同じ扱いになり、移動させてはいけません。したがって1打付加となります。

正式な大会でない場合は、参加者と相談し、その場だけの判断があると思いますので、まずは同伴プレーヤーに相談してください。

Q 問39

ゲーム開始前に小石や小枝を取り除くことができますか。

A 回答

基本的には、ゲーム開始前であれば小石や小枝など、プレーの障害になる動くものは取り除くことは可能です。ただし、公式大会及びそれに準ずる大会では、主催者の許可なく障害となるものを勝手に取ったり移動させたりしてはいけません。

仲間と楽しまれるようなときは、事前にコース上の障害となるものを皆で取り除いておくことは問題ないことです。また、意図的に一部の障害物を残しておき、難易度を高めることも1つの楽しみ方でしょう。

Q 問40

参加者240人の大会を計画しています。同点者が複数になったとき、公平に早く順位を決めたいと苦心しています。よい方法があったら教えてください。

A 回答

まず、同点者の順位の決め方ですが、打数が同じ場合は、最少打数が多い者が上位となります。例えば、打数が同じAさんとBさんの場合、Aさんはホールインワンがあり、Bさんがない場合は、Aさんが上位となります。AさんもBさんもホールインワンがあった場合は、次の最少打数が多いほうが上位となります。まったく同じ場合は、同順位を複数人にする方法がいちばん早いと思いますが、予備の賞(トロフィーや盾等)を準備しておく必要があります。

他の方法は、順位を決定するためのプレーオフがあります。プレーオフの方法もいろいろ考えられますが、早く決定したい場合は、例えば、15メートルのコースでプレーオフを行い、1打目のボールがホールポストに近いほうを上位とします。その際、メジャーの準備が必要です。事前に同順位の場合の決定方法を周知しておく必要があります。

Q

問41

次のような場合、AさんとBさんのどちらが勝ちでしょうか。

Aさん　ホールインワン1回　2打2回　3打5回　合計打数17

Bさん　2打7回　3打1回　合計打数17

私は、最少打数のホールインワンがあるAさんの勝ちだと思いますが、友人は、「ホールインワンは『−3《マイナス》』の恩典があるのに、さらに有利になるのはおかしい。最少打数は2打であり、2打を打った回数の多いBさんの勝ちだと思う」と言い、意見が合いません。

A

回答

ルールブックの公式大会に関する事項で示されているとおり、「個人ゲームの順位はゲーム終了後、合計打数の少ないプレーヤーを上位とする。合計打数が同じ場合は、最少打数の多いほうを上位とする」と決められており、この場合の最少打数はホールインワンだと考え、Aさんの勝ちとなります。

友人の気持ちも十分理解できますが、決められた方法でプレーを楽しんでください。

Q
問42

順位の決め方についてですが、合計打数が同じ場合、ホールインワンのあるプレーヤーが上位になると決まっているのですが、ホールインワン「－《マイナス》3」したため、合計打数が同じになったのに、ホールインワンしたプレーヤーが上位になるのはおかしい。

このような場合、実打数の少ないプレーヤーが上位となるのが当然だと思うのですが。

A
回答

「個人ゲームの順位はゲーム終了後、合計打数の少ないプレーヤーを上位とする。合計打数が同じ場合は、最少打数の多いほうを上位とする」と決められており、この場合の最少打数はホールインワンだと全国で共通理解されています。

同じような思いの方もおられ、気持ちや考え方も十分理解できますが、決められた方法でプレーを楽しんでください。

Q
問43

同じスコアーの場合、まぐれで出したホールインワンのあるプレーヤーが上位になるのは不合理だと考えますがいかがでしょう。同スコアーの場合、ホールインワンがないほうが技術的には上位だと思うのですが。ホールインワンを外した2打から最少打数で順位を決めるべきだと考えますが、教えてください。

A
回答

「個人ゲームの順位はゲーム終了後、合計打数の少ないプレーヤーを上位とする。合計打数が同じ場合は、最少打数の多いほうを上位とする」と決められており、この場合の最少打数はホールインワンだと全国で共通理解されています。

そして、ホールインワンも、たまたま入ったという場合もありますが、一般的にはホールポストへボールを寄せる技術が高いプレーヤーが、ホールインワンの確率も高くなります。言っておられる気持ちや考え方も十分理解できますが、決められた方法でプレーを楽しんでください。

Q

問44

最近、グラウンド・ゴルフ愛好会を立ち上げ、勉強しながらプレーを楽しんでいます。個人戦で全スコアーが同じ場合の順位の決め方について教えてください。

A

回答

スコアーがすべて同じ場合は、同順位を複数人にするか、順位を決定するためのプレーオフを行います。プレーオフの方法もさまざま考えられますが、他のプレーヤーのことも考え、待ち時間が少なくてすむ方法がよいと思います。

例えば、50メートルのコースで行い、最少打数で決定する。それでも同じ場合は再度プレーし、ホールポストに近いほうを上位とする。同順位の決定方法は定められたものはないと考えますので、工夫して行ってください。ただし、ゲームを始める前に方法は示しておくべきです。

Q 問45

団体戦の順位の決め方で確認です。3ラウンド行った場合、同点チームの順位の決定方法について、同点チームの1ラウンド、2ラウンド、3ラウンドとすべてのスコアーカードを比較して、最少打数者が多いチームを上位とする決定方法でよいのでしょうか。

A 回答

「団体ゲームの順位はゲーム終了後、その団体全員の合計打数の少ないほうを上位とする。合計打数が同じ場合は、最少打数者の多いほうを上位とする」と決められています。

この場合、個々のスコアーカードを比較するのではなく、3ラウンド回った個人の最終合計打数が出てきますから、その中で、最少打数者が多いほうを上位とします。

C・Dチームが同点ですが最少打数者が多いDチームの勝ちです！
Dチーム
Cチーム
チーム

Q

問46

私は、「すばらしいプレーヤーをめざす」を日常的に重視して、取り組んでいるところです。団体戦の順位の決め方についておたずねします。

	①	②	③	④	⑤	合計
Aチーム	36打	34打	33打	38打	41打	182打
ホールインワン				−《マイナス》3		179打
Bチーム	35打	39打	37打	36打	38打	185打
ホールインワン		−《マイナス》3			−《マイナス》3	179打

このような場合、私は33打の最少打数者がいるAチームが上位となると判断するのですが、当地区では、ホールインワンの多いBチームを上位とするのです。どう考えればよいでしょうか。

A

回答

団体ゲームの順位が示されているとおり、「団体ゲームの順位はゲーム終了後、その団体全員の合計打数の少ないほうを上位とする。合計打数が同じ場合は、最少打数者の多いほうを上位とする」と決められており、この場合は、33打の最少打数者がおられるAチームを上位とします。

団体戦の順位決定でホールインワンの数は判断基準となりません。

Q

問47

大会等の「競技上の注意」で、「ホールインワンは記録員の確認を受けること」と周知されることがあります。ルール第15条ゲーム中の判定「ゲーム中の判定はプレーヤー自身が行う。ただし、判定が困難な場合は同伴プレーヤーの同意を求める」をもっと尊重して実行すれば十分ではないでしょうか。プレーヤーの実態がずるをするという域から抜け出せないのか、ルール第15条「ゲーム中の判定はプレーヤー自身が行う。ただし、判定が困難な場合は同伴プレーヤーの同意を求める」を知らないのか、どうしてこのようなことをしなければならないのでしょう。

A

回答

グラウンド・ゴルフは、考案時から審判員を置かないという考え方で、ゲームやルールは策定されています。最近、私も審判員という言葉を聞くようになり、いつから審判員ができたのかと思っているところです。

記録員の確認を受けるということは、記録員が審判していることと理解してもおかしくないことであり、言っておられますように、ルール第15条をもっと尊重すべきだと思います。ホールインワンかどうか記録員の判断を仰がなくとも明らかなことなのです。判断が難しい場合は、同伴プレーヤーの同意を求めればよいのです。

言っておられますように、自分に厳しく判断し、自らを律していくプレーヤーを理想としていくことが重要です。

9 「連打」についての考え方について

Q 問48

先日、ある大会に参加しました。そのとき、ローカルルールとして「第2打以降はトマリとなるまで同一人が打ち続けること」と大会運営委員から説明がありました。初めての経験をしましたが、私の組の中に脚の不自由な方がおられ、しかもまだ熟達されていない方。第2打目以降グラウンドを走り回っておられ、1ホールが終わるごとに肩で息をされ、楽しいプレーのはずなのに苦しまれている様子を目にしました。

「グラウンド・ゴルフはこれでいいのか」「こんなはずはない」と自問自答しています。また、血圧、脈拍ともに上昇して、健康上よくないと考えています。

A
回答

以前から、「第1打の打順はローテーションとし、第2打以降は『トマリ』まで同じプレーヤーが打ち続ける」、もしくは、「第1打から『トマリ』まで同じプレーヤーが打ち続ける」というゲームの進め方が見られるようです。このような「連打」は禁止されています。

連打は、「ボールとボールが当たらない」、「マークしたボールを元の位置に返すときにトラブルを生じない」、「他のボールを避けるためにマークをしなくてすむ」などの点から、合理性があるように感じておられる方もいらっしゃると思います。

しかし、問題が起こるから「連打」によってゲームを進めるという、短絡的な考え方で本当によいのでしょうか。このようなゲームの進行方法は、「正しいグラウンド・ゴルフの精神」という観点から、好ましくないと判断しています。次に示しました。

(1) 人と人との触れ合いを大切にしましょう!

グラウンド・ゴルフは、審判員を置かないスポーツであり、ゲーム中の判断はプレーヤー自身に任されています。1人1人がエチケットを守ることが強く要求される自律性の高いスポーツです。

判断が難しい場合は、同伴プレーヤーの意見を聞くなど、協力して問題を解決していく機会もたびたびあるでしょう。そのようなプレーの中で、人と人との触れ合いを大切にしているのです。その結果として、人との交流を深めていくばかりか、自己の向上（マナーやエチケット、他者との協調性）を図ることができるのです。

⑵教育的、文化的、社会的スポーツとして育てましょう！

グラウンド・ゴルフは単に勝敗を競うだけのスポーツではなく、⑴でも述べているように、すばらしいプレーヤーをめざしています。ルールを守りながら楽しくプレーする中で、「互いを尊重する心」を養い、その結果として、さまざまな教育的、文化的、社会的な資質を高める学習の場であり文化であるのです。

⑶安全面に配慮し、集まった方が楽しくプレーできるようにしましょう！

グラウンド・ゴルフは、子どもから高齢者まで、また障がいのある方も楽しめるよう配慮して考案されたスポーツです。ところが「連打」によるゲーム進行を行うことにより、いつかは楽しむはずのグラウンド・ゴルフで事故が起きる可能性があるのです。安全面で考えてもやめなければならないことです。

ぜひ、以上で述べたことにご理解いただき、たとえ、ローカルルール等でも「連打」によるゲーム進行は行わないようにしましょう。

6
ハアハア

Q

問49

次のような意見が寄せられています。

「高齢者の方が50メートルコースにチャレンジされていました。『連打』によるゲーム進行をしていたため、同伴プレーヤーが、『早く打て』『早くしろ』と急がせるのです。その方は駆け足でボールを連打され、大変苦しそうでした。ぜひこのようなゲームの仕方はしないようにしてほしいのです」

連打によるゲームは、行わないようにしてほしいと思うのですが。

A

回答

かなり以前から「連打」によるゲーム進行が行われるようになり、このことの是非について、さまざまな意見があり、現在も一部で行われていると考えたほうがよいでしょう。現在、連打は禁止されています。

この場合のご相談は、「連打」の危険性についてです。グラウンド・ゴルフを行っておられるのは60歳から80歳の方が非常に多く、さまざまな健康状態であることを認識しなければならないと強く考えています。

このような年代ですと、心臓に関わる事故や脳梗塞、熱中症など、事故の可能性が高くなります。各協会の役員の方々には、「連打」の危険性を十分にご認識いただき、「連打」による大会運営は行わないようご配慮いただければと思います。

11 クラブの選定について

Q 問50

クラブのシャフトがヘッドに直角に入っているものと、斜めに入っているものがありますが、どちらがよいでしょうか。

A 回答

両方使用してみましたが、転び距離や方向性は変わりません。自分にしっくりくるほうを選べばよいと思います。基本はアドレスをしたときに、上からヘッド上部の中心部分の位置・スイートスポット（クラブフェースで、ボールをもっとも効果的に打てるとされる点や面）がよく見えることが大切です。

また、高齢になるとどうしても筋力が落ちますから、シャフトの細いクラブを選ぶほうが、転び距離が出やすいと思います。

なぜかといえば、シャフトが細いほどクラブのシャフトがしなり、振りに勢いがつき、転び距離が出るからです。

自分に合ったシャフトの角度、シャフトの長さ、シャフトの太さ、気に入ったデザインや色などで決められるとよいと思います。

シャフトの太さは
いろいろ
スイートスポット
が見えるのが大切
?

Q

問51

いろいろやってみているのですが、どうしても飛距離が出ないのです。よいアドバイスがあれば教えてください。

A

回答

考えられる理由として、ボールとクラブが当たる瞬間のインパクトが弱いのではないかと思います。テークバック、インパクト、フォロースルーの動きが同じ速さのクラブ移動になって、インパクトが弱い状態のままショットをしておられるのではないかと思います。対策としては、ボールとクラブが当たる瞬間に力を集中させるようにしてみてください。その際、ボールとクラブが当たる瞬間は、グリップを少し絞めるように意識してショットをします。

また、年齢が高くなってきますと、どうしても筋力が弱りますから、クラブを選ぶときにシャフトの細いものを選ぶようにしましょう。シャフトが細いとよくしなりますから、ボールの転び距離が出るようになります。

そして、ボールの選定についても、最近は転び距離が出やすいボールがありますから、そのあたりも検討してみたらいかがでしょうか。

Q
問52

最近、クラブのシャフトの長さが数センチ幅で違うものが出ていますが、プレーに大きい違いがありますか。

A
回答

クラブのシャフトの長さの違いは、プレーに大きく影響するものではありません。長さは、シャフトの握り位置を変えたり、スタンスを取るときのボールとの間隔で調整したりして、自分に合った構えができるのです。プロゴルファーやプロ野球の選手でも、グリップに余りを残して握っている姿をよく見かけます。

数センチ単位で技術の差が出るものではないと考えていますが、自分の身長に合わせてシャフトの長さを選ぶのも、1つの方法だと思います。

Q 問53

次のような事例がありました。どのようにしたらよいでしょうか。

大会のクラブは、「公益社団法人日本グラウンド・ゴルフ協会の認定品」を使用するのが当然ですが、たまたま、あるプレーヤーのクラブに貼ってあった「JGGAの証紙」がはげてしまい、なくなっていました。

「証紙」がないクラブは公式大会には使用できないのか、あるいは大会主催者などの了解を得れば問題ないのか、クラブを購入した店から証紙を取り寄せてもらえるのか、どうすればよいのでしょうか。

A 回答

証紙は小さいシールですから、雨の日などに使用したり、シャフトの手入れをしたりしているうちに、はがれ落ちてしまう可能性が高いものです。

購入された店も再度入手することは不可能です。方法としては、大会主催者の許可を取って使用されることをおすすめします。その際、そのクラブが認定商品であるというクラブ購入の際に付いている「取扱説明書」等があれば明確ですし、なくなってしまっている場合は、メーカー名や品番等を掲載したパンフレットや、インターネットで認定品であることがわかるページを打ち出したりして、大会などへは携帯して行かれると大会主催者の理解も早いと思います。

13 クラブの改造について

Q
問54

自分で、クラブヘッドの部分に薄いゴムまたはスポンジ板を貼って加工をしてもよいのでしょうか。

A
回答

クラブヘッドの加工は、禁止されており違反になります。したがって、大会では使用できません。

Q 問55

200人の参加者でグラウンド・ゴルフ大会を開催する計画にしています。スコアーの処理を速くする方法はないでしょうか。

A 回答

この件については、2つの方法があります。

⑴参加者全員のスコアーを印刷して配布しないで表彰順位だけ決めるのであれば、パソコン集計は不要です。個人の順位決定は、10打刻みで振り分けていき、例えば上位8位まで決定する場合は、合計打数の少ない上位10人前後のスコアー比較をすればよいのです。

団体の場合も、6人1チームだと想定しますと、30打刻みで振り分け、その中から上位を確定すればよいので、それほど時間はかかりません。

⑵参加者全員にスコアーの集計結果を公表し、さまざまな賞を出す場合はコンピューターを使用して処理します。すでに大会を開催しておられる団体などに相談されることをおすすめします。

Q

問56

グラウンド・ゴルフを始めたばかりで、農作業用の帽子、汗ふきタオルを使用してプレーしているのですが、ルール違反になるのでしょうか。

A

回答

この件については、ルール上決まっていることではありません。したがって、農作業用の帽子でも結構ですし、汗ふき用のタオルも問題ないと思います。炎天下であれば帽子をかぶる、汗が出れば拭く、このようなことは当然の行為です。

試合でも十分通用する内容であります。ただし、タオルもスポーツらしい、さわやかな色合いなどを考えられたらどうでしょうか。

Q 問57

グラウンド・ゴルフプレーヤーとしてふさわしい服装はあるのでしょうか。例えば「水着」で行ってもよいのでしょうか。

A 回答

グラウンド・ゴルフプレーヤーの服装については、決まりはありません。しかし、マナーやエチケットを重視するスポーツですから、常識的な判断が求められていると考えるべきでしょう。

「水着」については、最近さまざまな製品が出ており、水着かどうかわからないような製品もあります。「水着」は完全にダメと言い切ることは難しいのではないでしょうか。

その場に合った服装やはきものに心がけましょう！

Q 問58

プレーヤーが、次のスタート地点に移動するとき、クラブを肩に背負って歩いたときは、反則1打付加になりますか。またはエチケット違反でしょうか。

A 回答

この場合は、反則や違反と判断することはできません。あまりよい姿だとはいえないと思いますので、親しい仲間がアドバイスしてあげたらどうでしょう。

Q 問59

最近、ゴルフをしておられた方がグラウンド・ゴルフを始められるケースが多くなっていますが、スパイクの付いたゴルフシューズを履いてプレーしてもよいのでしょうか。

A 回答

ゴルフ経験者がグラウンド・ゴルフを始められることは大変よいことで、歓迎すべきことだと思います。スパイクの付いたゴルフシューズの使用については、大会主催者の考え方や、特に会場管理者の判断が重要であると思います。

その場に応じた対応をされればよいのではないでしょうか。

ゴルフからグラウンド・ゴルフに変えました
ゴルフシューズ
スパイクでいいのかかな？

Q 問60

数年前からグラウンド・ゴルフの世話をする際、ルールやマナーについては、ルールブックなどで話をするのですが、技術的な面になると理屈ではわかっていても、多くの仲間は、「なぜまっすぐ飛ばないのか」、「なぜ曲がるのか」と思っています。技術の上達となると、なかなか難しく指導書を探していましたら、インターネットで「うまくなる！　グラウンド・ゴルフ　技術」を見つけて早速購入し、会員の仲間にも見せて初歩から基本を知るよう話をしています。本を見ながらチェックしている仲間が増えました。出版していただいたことに厚く感謝申し上げます。

A 回答

ある協会の会長さんが、挨拶で「今までいろいろ研修してきましたが、グラウンド・ゴルフがどのような考え方でできたのかを学び、そして、ポンポンとボールを、数を打って上達させるということも考えられますが、基本を知った上で普段のプレーや練習をするということが大切です」と話をされました。

グラウンド・ゴルフのゲームやルール策定の理念に、次のような考え方があるのです。

「指導者や行政に頼るのではなく、まず先に自己学習・自己教育をめざして、自ら主体的に思考し、プレー環境やプレーの仕方、プレーの力量を高め、練習等の工夫をすることが大切です」

つまり、自分を高め、向上させるための練習や工夫をすることが大切であるということです。何事も基本が大切なのです。まず、基本を知った上でプレーしてみて、自分なりに改善していく、その結果として自分の技術が身に付き、さらに向上するものです。

今後も基本を大切にして皆さんが上達されることを楽しみにしています。

Q
問61

グラウンド・ゴルフは、スコアーを競う面のおもしろさとともに、高齢者にとっては社交場の1つとして、情報交換や健康維持のために参加されている面も多くあります。私たち同好会は、80歳以上が約半数を超え、社交場として参加している人が多い反面、その一方で、技術面で向上しようとしている人もおり、その両方の調和をとる必要を痛感しているのですが。

A
回答

どの同好会やクラブ・協会にも共通する課題だと思います。人には、さまざまな価値観や目的があり、考え方の違いについては、どうしなさいと強制することはできないと思います。

しかし、グラウンド・ゴルフのゲームやルール策定の理念にもありますように、自己の向上をめざして努力することは重要なことであり、「上達したい」「スコアーをよくしたい」「技術を身に付けたい」など、プレーを楽しむ上において当然のことなのです。

このことについて機会をとらえながら共通理解されることが大切であり、今後、若い人の加入にもつながることだと思います。

Q
問62

ルールやマナーの徹底について、ルールブックで学んでいますが、徹底が難しく悩んでいるのですが。

A
回答

グラウンド・ゴルフのゲームやルールがどのような理念でできているのか、仲間の皆さんで学ばれることが近道だと思います。1つ1つのプレーをとって、「それはダメ！」「これはダメ！」と言っていると、言われている方も嫌気がさしてきたり、感情的なトラブルにもつながったりします。

まず、理念を知り、ルールを学び、さまざまなケースについて意見交換をしながら、勉強していくことを心がけてください。

Q

問63

「練習前の運動としてラジオ体操をする」「練習日の組み合わせは毎回抽選でする」「コースの設営は全員でする」について聞きたいのですが。

A

回答

全員で会場準備や片付けをされ、準備運動、打順も平等性を保つために抽選されるなど、すばらしい会の運営だと感じます。自主・自律をめざしたすばらしい会の運営をしておられると感心いたしました。

会員の皆さんの気持ちや考えを大切にしながらお世話をなさっており敬服いたします。

Q 問64

高齢化で車を運転できる者が少なくなり、移動手段の確保が難しく、遠い遠征は難しいのですが。

A 回答

「高齢化」「移動手段」このことは、多くの組織が抱えている共通する課題だと思います。高齢化については、内閣府の平成24年度高齢社会白書(一部抜粋)で次のようなことが明らかになっています。

「平成22年度、全国の75歳以上の高齢者は約1407万人ですが、平成37年には、2・6倍の3657万人に達すると見込まれています。高齢者ができるだけ介護が必要な状態にならず、自立した生活を送るため、高齢者自らが積極的に健康づくりに取り組むことが必要です」

このことから、10年後には、わが国は超高齢社会となります。白書にも書かれているように、高齢者自らが積極的に健康づくりに取り組むことが大切であり、高齢になってもグラウンド・ゴルフを続けていけるような運営のあり方や方法を模索しておかなければならないということです。

そのような意味からすると、今悩んでおられることは、今後のグラウンド・ゴルフの組織のあり方にもかかわる課題意識であり、会員の皆さんのご意見をよくお聞きになり、会員の皆さんの要望に応えるような形での取り組みが、この課題解決へつながるのではないかと感じています。

Q

問65

今、会の維持で悩んでいることの中に、若い人がなかなか増えないことがあります。困っているのですがどうすればいいでしょうか。

A

回答

若い人の加入については、全員で声をかけ、まず体験していただく機会を設けられたらどうでしょう。そして、若い人をまとめられるような方に役員に入っていただき、若い層の輪を広げていかれることをおすすめします。

今のように開かれた運営をされている同好会であれば、きっと50代や60代の方も加入されると思います。

Q 問66

グラウンド・ゴルフは全国的なスポーツとなり、名称としては一般化されてきたと思うのですが、なぜ「グラウンド・ゴルフ」と名付けられたのですか。

A 回答

ご存じのように、考案当初から学校のグラウンドを学校開放で使用するという考え方で進めてきており、そのようなことから「グラウンドでもできるゴルフ」との考え方から「グラウンド・ゴルフ」と名付けられたのです。

Q
問67
「グラウンド・ゴルフ」の名称の間に「・」（中黒）が、付いているのはなぜですか。

A
回答
グラウンド・ゴルフは、新しいスポーツとして誕生したので、ほとんどの人が知らないスポーツであり、カタカナ文字が多く続くと読みにくく、覚えにくいと考え、一目で読めてすぐ覚えられるように、名称の間に「・」（中黒）を付けたのです。

Q
問68
ホールポストにボールが入ったとき、なぜ「トマリ」というようになり、それはいつからですか。

A
回答
全国的にグラウンド・ゴルフが普及するにともない、泊村にもなんらかのメリットがないものかという意見も多くなり、専門委員会がいろいろ考える中で、発祥の地「トマリ」をルールの中に入れたのです。

Q 問69

ボールなど用具の認定は、どのようにして行われているのですか。

A 回答

公益社団法人日本グラウンド・ゴルフ協会が用具用品の認定基準を設けており、その認定基準に基づき専門機関が検査し、その検査結果をメーカーが日本協会に提出し、提出された資料を基に審査し認定するのです。

第4章

知っておきたいルール

1

ルールについて

——ルールは人間に合わせるという考え方

●ルール創設における考え

グラウンド・ゴルフのルールは、生涯スポーツの基本的な考え方をもとに創案されたことについては、先に記しています。具体的には、従来の「決められたルールや方式に人間を合わせる」という支配的な考え方ではなく、「身体的、精神的、社会的に変化する人間（生涯の各時期）にスポーツを合わせる」。つまり、自分の能力や体力、目的等に応じて、生涯にわたって楽しむことができることを基本としています。

グラウンド・ゴルフは、だれでも楽しめるスポーツであるように、また、いつも明るい笑顔と歓声にあふれ「豊かな心」と「生きる喜び」が育まれるように、と考えられたスポーツです。皆が気分よくプレーを楽しめ、「またやってみたい！」という次への意欲につなげられるよう、さまざまな創意工夫が盛り込まれています。

1つには、コートの規格を定めていないということがあります。あらゆる場所的条件（広さ、傾斜度、地質、施設の利用）のもとでプレーできるようにしています。あくまでも参考として、標準コースが示されていると考えればいいでしょう。

２つには、集まる人の能力や好み、場所等に合わせてローカルルールを決められるよう、ルールには基本的なことしか示していないのです。そのようなことから、グラウンド・ゴルフのルールは第15条までしか成文化されていません。ルールをもとに、目的や条件に応じた〝自分たちのルール〟を考えることもよしとする柔軟性を、ルール策定時から意図的に考えてあるのです。

●ルール、マナー、エチケットを守って楽しくプレー

グラウンド・ゴルフプレーヤーは、ルールを守って皆が楽しくプレーするために、知っておかなければならないことがあります。

第1は、グラウンド・ゴルフは広い場所、狭い場所など、ありとあらゆる条件のもとで行われるため、そこで生じる多種多様な場面について標準的なルールを設定しており、これをもとにプレーヤーの能力や体力、目的等に応じて、プレーを楽しめるように工夫・配慮されています。

第2は、自分に有利な判断及び処理を絶対しないことです。スコアーが気になり、ともすれば自分に有利な判断をしがちなものですが、すべての人がそう考えたらどうなるでしょう。常に自分に厳しく処理してプレーすることが大切です。

第3は、他のプレーヤーに迷惑をかけないことです。集合時間に遅れたり、考えて時間をかけてプレーしたりするなど、他者へ迷惑をかけないよう心がけることが必要です。

次に示す『すばらしいプレーヤーになるために』を繰り返し読み返し、この考え方を多くのグラウンド・ゴルフプレーヤーに広げていくことが、非常に大切です。

すばらしいのプレーヤーになるために

1. 細かい地理条件にこだわらない

グラウンド・ゴルフのルールは、学校の校庭など一定の広さの場所を想定して創案されています。しかし、現実には狭い場所、細長い場所などあらゆる条件のもとで行われます。そこで生じる多種多様な問題については、ルールをもとにプレーヤーの目的、能力、環境等に応じてプレーヤーが楽しめるよう、ローカルルール等を設定してプレーすればいいのです。

2. 自分に有利となるような判断や処理をしない

スコアを気にしすぎたり、あまりにも勝つことばかりに執着したりすると、ともすれば自分に有利な判断をしがちなものです。すべてのプレーヤーがそのように考えれば、ゲームはめちゃくちゃになり、楽しむどころではなくなってしまいます。常にルールを尊重し、自分にとって有利な判断をしないよう心がけましょう。マナーに反してでも勝てばいいというような考え方は、グラウンド・ゴルフの本質に反しますし、すばらしいプレーヤーとはいえません。

3. 他人に迷惑をかけない

例えば、そのホールポストでのプレーが終了したのに、ホールポスト付近でずっと話をしているとか、必要以上に練習スイングに熱中しているなどは、ゲーム進行の妨げになり、ほかのプレーヤーにとって大変な迷惑になります。皆が楽しくプレーするために、相手の立場に立った行動をとりましょう。

4. 同伴プレーヤーがお互いに審判し合う

グラウンド・ゴルフは、たびたび審判員に判断を仰がなければならないというような不自由なスポーツではありません。そのかわりプレーヤーにマナーを守ることが強く要求される、自律度の高いスポーツといえます。判断が難しいケースでは、同伴プレーヤーの意見を聞く姿勢を大切にしましょう。

●ルールは皆が気持ちよくプレーするためにある

先に記しましたように、グラウンド・ゴルフのルールには、プレーするための必要最低限の基本的なことのみが定められています。プレーする多種多様な場所的条件、プレーヤーの目的、能力、環境などに応じてプレーが楽しめるよう工夫がされています。したがって、それぞれのケースやさまざまな条件に合ったルールを設定することができます。

正式な大会では、事前に細かいルールが決められている場合がほとんどですから、参加者は「競技運営に関する留意事項」「競技上の注意」等をよく確認しておかなければいけません。すべてのプレーヤーには、その大会に出場する以上は、その大会に必要なルールを理解しておく義務があるからです。「そんなことは知らなかった」とか「教えてくれなかった」などは、違反の理由になりません。

それぞれの大会のルールに決められていない事態が生じた場合は、基本的には公式ルール「第15条　ゲーム中の判定」に従い、プレーヤー自身が判断します。判定が困難な場合は、同伴プレーヤーと話し合って判断します。それでも解決しないような場合は、大会においては責任者の判断を仰ぐことも考えられるでしょう。

そして、もっとも重要なのは、「それぞれの大会のルールは、あくまでもそのゲームにおいて臨時的につくられたものであり、そのゲームだけに適用されるものである」としっかり認識しておくことです。このようなルールは〝その場限りの〟ルールであって、ほかのゲームには通用しないのです。

例えば、全国から多くの愛好者が集まる大会でしばしば見られる光景ですが、「私の県ではこうしているから、それはダメ」など、それぞれの都道府県で申し合わせ的になっているルールが、あたかも公式ルールであるかのごとく思い込んでいるプレーヤーがいます。これでは、他の都道府県のプレーヤーに不愉快な思いをさせてしまうことになります。

公式大会では、あくまでも公益社団法人日本グラウンド・ゴルフ協会が定めている『グラウンド・ゴルフ　ルールブック』に基づいてプレーが進められますから留意が必要です。

2

エチケットに関するルール
――礼儀正しく、楽しくプレーするために

グラウンド・ゴルフのルールは、「第1章　エチケット」から始まっています。この趣旨をよく理解し、ほかのプレーヤーの立場を尊重して、礼儀正しく、和気あいあいと、楽しくプレーしたいものです。

●打ったら、すみやかにコースをあける

【第1条】に「プレーヤーは、自分のプレーが終わったら、すみやかに次のプレーヤーの妨げにならない場所に行く」とあります。

プレーヤーは、ゲームが円滑に進行するように、自分のボールを打ち終わったら、次のプレーヤーの妨げにならない場所へすみやかに移動すること。よく見かけるのが、ホールポストの近くに立って、スコアーカードを記入したり、スコアー談議に夢中になっていたり……というような光景ですが、このような場面では一刻も早くホールポストをあけなければなりません。

早くあけてくれないかな

●ほかのプレーヤーが打つときは静かに

【第2条】に「プレーヤーは、同伴のプレーヤーが打つときには、話したり、ボールやホールポストの近くや後ろに立たない。また、自分たちの前を行く組が終了するまで、ボールを打たない」とあります。

次のホールポストへ移動するときに、プレーヤー同士で「好調だなあ、少し手加減してくれよ」などと冗談を交わしたり、会話を弾ませたりするのはグラウンド・ゴルフの楽しみの1つでもあります。しかし、ひとたびプレーヤーが打つ構えに入ったら、精神を集中させ、プレーに専念しているのですから、ワイワイ、ガヤガヤは禁物です。大声で話したり、笑ったり、動き回る行為はマナーに反します。

また、打とうとしているプレーヤーの近くにいると、スイングしたクラブに当たってしまう危険性があります。ケガをしないよう、お互いに十分に注意してプレーしましょう。前のチームがホールポスト周辺でまだプレーしている最中に、次のチームがスタートしてしまうと、前を行くチームの人やボールに、打ったボールが当たってしまう恐れがあるので、十分に注意しましょう。

●穴や足跡は直して

【第3条】に「プレーヤーは、自分のつくった穴や足跡を直して行く」とあります。雨で地面が柔らかくなっているときや砂地などでは、どうしても足跡が残ります。スイングのときに、ボールではなく地面をたたくこともあるかもしれません。もし、ほかのプレーヤーの打ったボールが足跡や穴にはまったら、どんな気持ちがするでしょうか。逆に、自分がそんな立場になったら……。

自分でつくった穴は、可能なかぎり自分で埋めるのがマナーです。

3

ゲームに関するルール
——スムーズにプレーを進めるために

実際にプレーをすると、いろいろな状況が出てきます。あわてないでスムーズにプレーを進行できるように、ルールをよく把握しておきましょう。

ここでは、おもにルールブック「第2章　ゲームに関するルール」について説明します。

●打順はあらかじめ決めておく

【第4条】に「ゲームは、所定のボールを決められた打順にしたがってスタート位置から打ち始め、ホールポスト内に静止した状態「トマリ」までの打数を数えるものである」とあります。

ゲームをするときは、事前にどういう打順方法にするか決めておき、それを必ず守るようにしましょう。

●規定に合った用具を使う

【第5条】に「クラブ、ボール、ホールポスト、スタートマットは定められたものを使用しなければならない」とあります。

クラブやボールは、日本協会認定のものの中から、自分の使いやすいものを選ぶようにしましょう。

●ゲーム中の練習について

【第6条】に「プレーヤーは、ゲーム中いかなる打球練習も行ってはならない。本条の反則は1打付加する」とあります。

自分の打順がこないからといって、ボール（ゲームに使用しているものに限らず）を打つ練習をしたら違反となり、1打ペナルティーがつきます。

スイング練習はしてもかまいませんが、安全のため、周囲に人がいないかを確認してから行いましょう。また、そのホールポストで全員が「トマリ」になってから、反省のパット練習は認められていません。

●人助けしてもらってはいけない

【第7条】に「プレーヤーは、打つとき足場を板などでつくったり、人に支えてもらったりするなど、物的・人的な援助やアドバイス、あるいは風雨からの防護を求めたり、受けたりしてプレーしてはならない。本条の反則は1打付加する」とあります。

いつも晴天で風もないという好条件に恵まれてゲームができるとは限りません。プレー中に雨が降り出したり、風の強い日にプレーしなければならないこともあります。

グラウンド・ゴルフは、あくまでも個人を中心としたスポーツです。第三者の力を借りないで、あらゆる障害を自分の力で乗り切ることが原則なのです。

●あるがままの状態でプレーする

【第8条】に「プレーヤーは、打ったボールが長い草や木のしげみなどの中に入ったとき、ボールの所在と自己のボールであることを確かめる限度においてのみ、これらのものに触れることができる。草を刈ったり、木の枝を折ったりしてプレーしてはならない。本条の反則は1打付加する」とあります。

打てそうにない草むらにボールが入ってしまうことがあります。そんなとき、いかにもスイング練習と見せかけて、ボールの周囲の草をクラブで刈り取るプレーヤーなどがいますが、これは違反です。スイングのじゃまになる木の枝を折ったり、不安定だからと穴に大きな石などを置いて足場を固めたり、草を抜くなどして、条件をよくすることはできません。

また、地面に落ちている木の枝、小石、虫類、牛馬のふんなども〝障害物（ハザード）〟とみなされるので、取り除くことができません。じゃまなようならゲーム開始前に取り除いておく必要があります。

バキ
折る
バサ
バサ
刈る
どかす
置く

●ストローク方法と空振りの処理

【第9条】に「プレーヤーは、ボールを打つときはクラブのヘッドで正しく打ち、押し出したりかき寄せたりしない。本条の反則は、1打付加する。ただし、空振りの場合は打数に数えない」とあります。

クラブは、ヘッド部分以外ならどこを握ってもいいですが、ボールはヘッド部分で打たなければなりません。また、ボールを引きずるように転がしたり、二度打ちした場合は、「押し出したりかき寄せたり」と同じ行為とみなされ、1打ペナルティーがつきます。

「正しく」打つとは、ボールをしっかりヒットさせるという意味です。

空振りとは、クラブがボールに触れていないスイングのこと。ほかにも、スイングしたクラブが、スタートマットに当たりその衝撃でボールが動いてしまった。また、ボールを打とうとしてスイングを始めようとしたとき強風でボールが転んでしまった……など、このような場合も1打付加せず、あらためて打ち直しします。

●紛失ボールとアウトボール

【第10条】に「プレーヤーは、打ったボールが紛失したり、コース外に出たときは1打付加し、ホールポストに近寄らないで、プレー可能な箇所にボールを置き、次の打を行わなければならない」とあります。

ボールが草むらに飛び込んだり、林の中まで入ってしまうことがあります。そのとき、ボールを探すのに夢中になっていると、全体の進行に影響を与えてしまいます。グラウンド・ゴルフは、ほかのプレーヤーに迷惑をかけないことが原則なので、ボール探しに時間がかかりそうな場合は、後ろのチームに先に行ってもらうとか、いよいよ探してもボールが見当たらないときは、かわりのボールを置いてプレーする必要があります。

ボールの所在はわかるものの、コース内にある池、川、排水用の溝などの障害物があって、どうしても打てない場合も同様です。

ボールが見えなくなったところから、ホールポストに近寄らないクラブ1本分以内の距離で打つことが可能なところに、かわりのボールを置いてプレーします。こういったケースに備えて、あらかじめ余分にボールを用意しておきましょう。

●プレーの妨げになるボール

【第11条】に「プレーヤーは、プレーの妨げになるボールを、一時的に取り除くことを要求することができる。取り除くのは、ボールの持ち主であり、その際ホールポストに対して、ボールの後方にマークをして取り除かなければならない」とあります。

ホールポスト近くのプレーになると、自分のボールとホールポストを結ぶライン上にほかのプレーヤーのボールがあって、そのまま打つと当たってしまいそうなことが多くあります。このような場合は、打つ前にボールの持ち主に知らせ、取り除いてもらうことを要求できます。

なお、自分のボールがほかのプレーヤーの妨げになると思われる場合は、要求される前に自らマークして、取り除くのがエチケットでしょう。

●ほかのプレーヤーのボールに当たったとき

【第12条】に「プレーヤーは、打ったボールがほかのプレーヤーのボールに当たったときは、そのままボールの止まった位置からプレーを続ける。当てられたプレーヤーは元の位置にボールを戻さなければならない」とあります。

ゴルフと違って、グラウンド・ゴルフはスタート位置からホールポストまでの距離が短いため、ボールを打ったときに、ほかのプレーヤーのボールに当たることがしばしばあります。当てたほうはボールが静止した位置からプレー続行、当てられたほうはボールを元の位置に戻します。両プレーヤーとも罰打はありませんが、いずれにしても、ほかのプレーヤーのボールには十分注意してプレーするか、あらかじめ取り除くことを要求する必要があります。

また、当てたほうのボールがホールポストに入った場合は「トマリ」と認められますが、当てられたほうのボールがホールポストに入った場合は、元の位置に戻さなくてはいけないので「トマリ」とは認められません。このようなことを避けるため、ホールポスト近くにボールが集まった場合は、自分から積極的にマークしてボールを取り除いておくほうがよいでしょう。

●風によってボールが動いたら

グラウンド・ゴルフのボールは、強風でも動いたりしないよう重さが決められていますが、絶対に風でボールが動かないという保障はありません。「打とうとしたら、ボールが動く!?」というような風の強い日にも、プレーしなければならないことがあるのです。

【第13条】に「プレーヤーは、打ったボールが動いている間は、ボールを打ってはならない。風によってボールが動いたときは、静止した場所からプレーをし、動いてホールポストに入った場合はトマリとする」とあります。

つまり、風によってボールが動いたら、止むを得ないものとして、止まった位置からそのまま打てということです。ひどく無情のようですが、「あるがままの状態でプレーする」のがグラウンド・ゴルフです。ホールポストの近くに止まっていたボールが、風に吹かれてホールポストに入れば「トマリ」と認められるのですから、不運ばかりでもないでしょう。

ボールが動いた！
コロコロ

●1打目で「トマリ」したとき

【第14条】に、「プレーヤーは、打ったボールが1打目でトマリになったとき（ホールインワン）は、合計打数から1回につき3打差し引いて計算する」とあります。

つまり、スコアーカードには1打打ったことには変わりがないので〝1〟と記入し、合計打数からマイナス3をします。

●ゲーム中の判定

【第15条】に、「ゲーム中の判定はプレーヤー自身が行う。ただし、判定が困難な場合は同伴プレーヤーの同意を求める」とあります。

グラウンド・ゴルフは、同伴プレーヤーがお互いに審判をしながらプレーする、審判員を置かないスポーツです。各々がフェアプレーを常に心がけ、自分に有利な判定などしないようにする必要があります。プレーヤーにルールやマナー、エチケットを守ることが強く要求される、自律度の高いスポーツなのです。

●標準コース

【第16条】に、「標準コースは、50m、30m、25m、15mの各2ホール合計8ホールで構成する。

Profile　朝井正教(あさい・まさのり)

鳥取県出身。鳥取県の中学校・小学校の教員として勤務する。その間、1981年から3年間、泊村教育委員会に社会教育主事として県から派遣されグラウンド・ゴルフの考案に携わる。1982年7月1日から21年間、公益社団法人 日本グラウンド・ゴルフ協会ルール等委員会委員を務める。

1990年4月1日から鳥取県教育委員会事務局に14年間勤務、その間、体育保健課指導主事、生涯学習センター係長、生涯学習課係長、生涯学習課長、中部教育事務所長を務める。2004年4月1日から2012年3月31日まで鳥取県の公立中学校長を務める。その後、(株) 朝井を設立。室内でも屋外と同じ距離感覚でプレーできるグラウンド・ゴルフ用具、安心安全な介護福祉スポーツ用具の普及に努めている。

【おもな功績と役職歴】

1984年	鳥取県泊村長から感謝状受賞
1988年	鳥取県中学校体育連盟理事長、中国中学校体育連盟理事長、日本中学校体育連盟評議員、平成元年度全国中学校選抜体育大会開催時の中国地区および鳥取県の理事長を務める
1989年	(財)日本中学校体育連盟会長から感謝状受賞
1991年	鳥取県中学校体育連盟会長から感謝状受賞
1993年	日本グラウンド・ゴルフ協会長から表彰状受賞
2003年	公益社団法人 日本グラウンド・ゴルフ協会長から表彰状受賞
2004年	倉吉税務署長表彰受賞
2006年	鳥取県教育審議会委員
2010年	鳥取県中学校校長会長、全日本中学校校長会理事
2011年	文部科学大臣表彰(教育者表彰)受賞

知《し》っておきたい！ グラウンド・ゴルフ ルール編《へん》

2014年4月20日　第1版第1刷発行
2024年1月30日　第1版第4刷発行

著　者　朝井正教《あさい まさのり》
発行者　池田哲雄

発行所　株式会社ベースボール・マガジン社
〒103-8482　東京都中央区日本橋浜町2-61-9 TIE浜町ビル
電話　03-5643-3930（販売部）　03-5643-3885（出版部）
振替口座　00180-6-46620
https://www.sportsclick.jp/

印刷・製本　共同印刷株式会社

ISBN978-4-583-10679-3　C2075